AF305403

MEMOIRES

ET

AVANTURES

D'UN HOMME

DE QUALITÉ,

Qui s'est retiré du monde.

TOME SECOND.

A AMSTERDAM,

Aux dépens de la Compagnie.

MDCCXXXI.

MEMOIRES

DU

MARQUIS DE ***

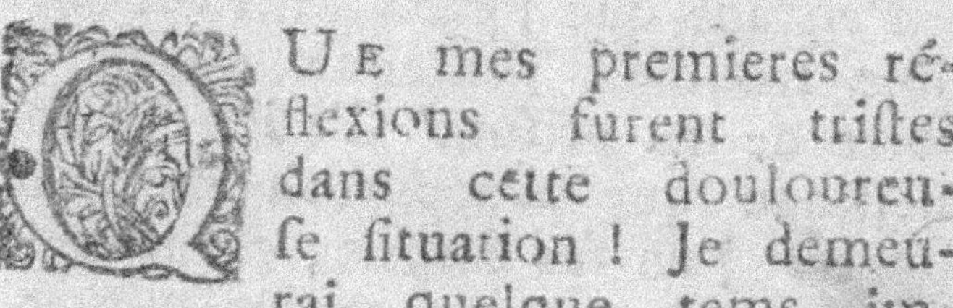

LIVRE QUATRIE'ME.

QUE mes premieres ré-
flexions furent triſtes
dans cette douloureu-
ſe ſituation ! Je demeu-
rai quelque tems im-
moible, les bras pendans, & les
yeux attachez contre terre ; mon
eſprit diſtrait par la multitude de
ces maux, ne pouvoit s'arrêter deux
inſtans au même objet. Le paſſé
ne m'offrit que des ſouvenirs affli-
geans, l'avenir des obſcuritez capa-
bles de m'épouvanter, & le preſent

Tome II.   A   quel-

quelque chofe encore de plus dé-
plorable , puifque c'étoit le point
de vûe où tous mes malheurs fe
réuniffoient enfemble. Je paffai la
moitié de la nuit dans ce trifte état.
La perte de tout ce que j'avois eu de
plus cher, de mes parens, de mes
amis, de mes biens, de ma liberté ;
tant de douleurs que je n'avois fenti
jufqu'alors que fucceffivement , fe
renouvellerent tout à la fois dans
mon cœur ; je ferois tombé par terre infailliblement , fi je n'euffe trouvé un mauvais lit pour me fervir
d'appui.

Pendant que j'étois dans cet horrible trouble , j'entendis ouvrir la
porte de ma prifon. C'étoit un domeftique qui m'apportoit de quoi
fouper. J'en fus furpris, car il étoit
fort tard & tout au moins minuit.
J'entendois fi peu la langue Allemande que ce domeftique me parla ,
que je ne pûs lui demander ce qui
m'attiroit cette marque de compaffion. Je pris quelque chofe, pour
me remettre de l'épuifement où
j'étois. Le domeftiqne ou plûtôt
l'efclave me quitta en me montrant

trant fa tête & fon cœur , ce que
j'interpretai comme une exhorta-
tion à prendre courage. Je retom-
bai dans mes réfléxions : mais après
m'être encore affligé long-tems fur
le miferable état de ma fortune , il
me vint à l'efprit quelques idées de
Religion. Elles fervirent à me rendre un peu plus tranquile. Je m'en-
dormis en offrant à Dieu mes peines , & en lui demandant la force
de les fupporter.

Elles fe renouvellerent pourtant
le lendemain à mon reveil ; j'eus
recours au même remede. Dans
toute ma vie j'ai éprouvé que rien
n'a tant de force pour foutenir un
cœur , & pour le rendre fuperieur
même à la fortune. J'avois dans
mes proches trois livres que j'ai toujours aimez , & que j'amois encore
plus alors , parce qu'ils étoient nouveaux ; le Telemaque de M. de Fenelon , les Caracteres de la Bruye-
re , & un tome des Tragedies de
Racine. Je pris le Telemaque, où
je me fouvenois d'avoir lû quelque
chofe qui regardoit l'efclavage. Je
trouvai effectivement que M. de

A 2

Fe-

Fenelon faifant conduire fon héros
en Egypte, le repréfente dans l'état
où je me trouvois, c'eft-à-dire af-
fujetti à des maîtres durs & barbares. Je fus enchanté de la morale
que cet illuftre Prélat met dans la
bouche de Thermofiris, & de Men-
tor qui étoit efclave de fon côté;
& de l'impreffion que leurs difcours
pleins de verité & de fageffe faifoient
fur le cœur du jeune Telemaque.
Elles en firent auffi fur le mien: &
fi la fortune me réduifoit aux mêmes abaiffemens, je refolus d'imi-
ter fa conduite. Une partie de la
matinée s'étant paffée dans ces réfléxions, on ouvrit ma porte fur les
dix heures. C'étoit le même efclave qui me prit par la main & me
conduifit, au travers d'une cour &
de quelques appartemens, dans une
chambre où je reconnus Elid-Ibezu. Il avoit l'air plus doux & plus
humain que le jour du combat. La
tranquilité où il étoit & fon changement d'habit m'y fit trouver ap-
paremmeut cette différence, je le
faluai en 'm'approchant. Comme
l'efclave lui avoit dit la veille que
j'igno-

j'ignorois la langue Allemande, il s'étoit douté que j'étois François, & il avoit fait venir chez lui un Grec qui parloit passablement notre langue, & qui commença à m'interroger sur le lieu de ma naissance & sur ma condition. Je répondis avec toute la franchise de Telemaque, que j'étois François & homme de condition. Le Grec rendoit compte de mes réponses à Elid Ibezu, qui lui dictoit de nouvelles questions. Il me demada si je ne savois point d'autre langue que le François. Je lui dis que je savois le Latin & l'Italien. Cette réponse charma Elid-Ibezu qui savoit lui-même l'Italien. Il me dit aussi-tôt en cette langue, que nous n'avions plus besoin d'Interprete pour nous entretenir ensemble. Il y a long-tems, ajouta-t-il, que je souhaitois d'avoir un esclave Chrétien. Si vous êtes honnête homme, & que vous vouliez prendre quelque attachement pour moi, votre condition ne sera point à plaindre. Il voulut savoir mon nom, mon âge, ma condition & le lieu de ma nais-

san-

fance.   Je le fatisfis fans déguife-
ment.   Il me prit par la main , &
me dit: Je vous affure , Chrétien,
que fi vous étes fage & fidele, vous
ne vous repentirez pas d'être tombé
fous ma puiffance.   Je vous aime
déja.   Je veux vous envoier à Andrinople , en attendant la fin de la
guerre , chez un frere que j'ai dans
cette ville.   Je vous prendrai là à
mon retour, pour nous rendre enfemble à Amafie où je fais ma demeure ; ne vous affligez pas, vous
ferez content de moi.   Il ordonna
qu'on eût foin de me bien traiter,
& qu'on ne me laiffât manquer de
rien.

Cette politeffe & cette bonté me
furprit dans un Turc.   J'avois de
cette nation les idées qu'on en a
communément , c'eft-à-dire , que
je les regardois comme les plus barbares & les plus impitoyables de
tous les hommes.   J'ai reconnu encore mieux dans la fuite la fauffeté
de cette opinion.   Il y a de l'efprit,
des fentimens, & même du favoir
vivre chez les Turcs, comme dans
toutes les autres nations.   Les ufa-
ges

j'ignorois la langue Allemande, il s'étoit douté que j'étois François, & il avoit fait venir chez lui un Grec qui parloit paſſablement notre langue, & qui commença à m'interroger ſur le lieu de ma naiſſance & ſur ma condition. Je répondis avec toute la franchiſe de Telemaque, que j'étois François & homme de condition. Le Grec rendoit compte de mes réponſes à Elid Ibezu, qui lui dictoit de nouvelles queſtions. Il me demada ſi je ne ſavois point d'autre langue que le François. Je lui dis que je ſavois le Latin & l'Italien. Cette réponſe charma Elid-Ibezu qui ſavoit lui-même l'Italien. Il me dit auſſi-tôt en cette langue, que nous n'avions plus beſoin d'Interprete pour nous entretenir enſemble. Il y a long-tems, ajouta-t-il, que je ſouhaitois d'avoir un eſclave Chrétien. Si vous êtes honnête homme, & que vous vouliez prendre quelque attachement pour moi, votre condition ne ſera point à plaindre. Il voulut ſavoir mon nom, mon âge, ma condition & le lieu de ma naiſ-

fance. Je le fatisfis fans déguife-
ment. Il me prit par la main , &
me dit: Je vous affure , Chrétien,
que fi vous étes fage & fidele, vous
ne vous repentirez pas d'être tombé
fous ma puiffance. Je vous aime
déja. Je veux vous envoier à Andrinople, en attendant la fin de la
guerre, chez un frere que j'ai dans
cette ville. Je vous prendrai là à
mon retour, pour nous rendre enfemble à Amafie où je fais ma demeure ; ne vous affligez pas, vous
ferez content de moi. Il ordonna
qu'on eût foin de me bien traiter,
& qu'on ne me laiffât manquer de
rien.

Cette politeffe & cette bonté me
furprit dans un Turc. J'avois de
cette nation les idées qu'on en a
communcément , c'eft-à-dire , que
je les regardois comme les plus barbares & les plus impitoyables de
tous les hommes. J'ai reconnu encore mieux dans la fuite la fauffeté
de cette opinion. Il y a de l'efprit,
des fentimens, & même du favoir
vivre chez les Turcs, comme dans
toutes les autres nations. Les ufa-
ges

ges à la verité y font differens des nôtres, mais chaque pays n'a-t-il pas les fiens ? quelles raifons avons-nous de méprifer les coutûmes & les manieres de vivre des Turcs, qu'ils n'aient pas de fe mocquer des nôtres ? Nous les traitons de barbares ; ils nous donnent le même nom. En général ce n'eft point par les dehors, qui dépendent du tems, du climat, des lieux, qu'il faut juger du mérite d'une nation ; c'eft par le fond du caractere, par les fentimens d'humanité, de bonté, & de droiture qui y regnent communément ; en quoi j'ofe dire que les Turcs n'ont rien d'inferieur aux principaux peuples de l'Europe.

Je fus reconduit dans la chambre qui me fervoit de prifon. On m'y fourniffoit abondamment le néceffaire. Il fe paffoit peu de jours, fans qu'Elid Ibezu me fît venir pour s'entretenir quelques heures avec moi. Je découvris en lui, non feulement un riche naturel, mais un efprit excellent auquel il ne manquoit qu'un peu de culture. Puifque

A 4

mon

mon mauvais fort me réduifoit à l'efclavage, je regardai comme une faveur du Ciel d'être tombé dans de fi bonnes mains , & je me fis une étude de mériter l'eftime & la confiance de mon patron. J'y réuffis fi bien , qu'en me faifant partir pour Andrinople avec le Beglirbey de Bulgarie , qui étoit de fes amis & qui fe chargea de me conduire, il me fit connoître qu'il fe feparoit de moi avec regret, & qu'il me rejoindroit avec plaifir. Il changea mon nom en celui de Salem, qui fignifie à peu près en langue Turque ce que mon nom de famille fignifie en François. La route de Sophie à Andrinople me parut longue, parce qu'elle fut pénible. Quoique le Beglirbey me fît traiter affez doucement à la recommandation d'Elid-Ibezu, j'étois cependant lié fur une efpece de chariot couvert où je paffois la nuit comme le jour. Toute ma confolation étoit dans mes livres , que j'avois continuellement à la main. L'attention avec laquelle je lifois , m'attira du refpect des muletiers & autres conducteurs de

l'équil'équipage , qui me prirent pour quelque Docteur de ma Loi. Enfin nous arrivâmes à Andrinople. Les Turcs l'appellent Endrem. Cette Ville me parut grande & peuplée. Les rues par lesquelles on me fit passer, étoient bordées de palais & de maisons magnifiques. Celle du frere d'Elid-Ibezu n'étoit pas la moins belle. Ce Turc, qui se nommoit Mamelic, me reçut d'une maniere qui me fit mal augurer du tems que j'avois à passer chez lui. On me dépouilla, par son ordre, de mes habits que j'avois conservez jusqu'alors, pour m'en donner un fort grossiér, tel que le portent les esclaves ; mais ce c'est pas à quoi je fus le plus sensible. J'avoue ma foiblesse : la perte de mes beaux cheveux qu'il falut me laisser couper, me toucha presque jusqu'aux larmes. Malgré un début si rude , je ne fus point emploié, comme je le craignois, aux offices les plus vils & les plus humilians. On me donna le soin d'entretenir la propreté des salles & des meubles. Je m'acquitai si exactement de cet emploi,

A 5

que

que je n'entendis jamais faire la
moindre plainte de mes services.
Le Chef des esclaves étoit néanmoins un homme dur & violent,
qui visitoit souvent les meubles, &
qui ne m'auroit pas pardonné la
plus legere faute.

Jamais Mamelic ne m'honora
d'un mot ni d'un regard. Ce Turc
étoit aussi fier que son frere l'étoit
peu, quoique celui-ci eût un emploi distingué dans l'armée Ottoma-
ne, & que l'autre ne fût qu'un né-
gociant qui avoit amassé des richesses immenses par le commerce. La
nécessité de m'expliquer, & d'entendre les ordres qu'on me donnoit,
me fit apprendre en peu de tems la
langue Turque ; elle me devint aussi
familiere que ma langue naturelle ;
Elid-Ibezu en fut surpris lorsqu'il
vint à Andrinoble quelques années
après. Il m'arriva dans cet interval-
le deux avantures qui méritent d'ê-
tre rapportées.

Il y avoit dans la maison de Mamelic une vieille esclave Georgien-
ne, qui étoit assez considerée, parce qu'elle avoit un des principaux
offi-

offices : c'étoit de prendre soin des habits & du linge. Cette femme avoit pour le moins cinquante ans. Cependant comme son emploi étoit propre & qu'il n'avoit rien de fatigant, elle s'entretenoit dans une fraicheur & un embonpoint qui la faisoient paroître plus jeune. Mon office me donnoit quelque relation avec elle, parce qu'il faloit lui porter les meubles qui avoient besoin de réparation. Je lui parlois toujours civilement. Elle prit goût à mes manieres & à ma personne, & je m'apperçus bientôt qu'elle me regardoit d'un autre œil que le commun des esclaves. Mon cœur n'avoit point encore senti de passion tendre, & l'on juge bien qu'un pareil objet n'étoit pas capable de m'en inspirer. Je fis semblant de ne pas remarquer les sentimens qu'elle avoit pour moi, & je faisois mon devoir à l'ordinaire. Cependant comme elle étoit bonne & aimée dans la maison, j'imitois les autres esclaves qui lui offroient de petits présens dans certaines occasions ; mais je n'en faisois pas plus qu'un autre. Ma dureté la touchoit vivement. Elle en vint jusqu'à faire pour moi ma besogne ; j'étois surpris le matin en allant visiter les salles, de trouver tous les meubles bien frottez & dans l'ordre. Cette amoureuse persévérance commença à m'inquiéter. Je craignis qu'elle ne fût remarquée de quelque jaloux, qui en eût pu prendre occasion de me rendre de mauvais offices auprès de Mamelic. Cette pensée me porta à me lever plus matin, pour prévenir Timec (c'étoit le nom de l'esclave) ; de sorte que trouvant mon ouvrage fait, elle comprit bien que je refusois ses soins. Je devenois même plus réveur, & j'évitois de jetter les yeux sur elle. Quand elle vit cela, sa tendresse ne lui premit plus de garder de mesures. Un jour qu'il faisoit une extrême chaleur, & que tout le monde étoit à reposer sur le midi, je me retirai dans une allée sombre du jardin pour y prendre aussi un peu de repos. Timec qui m'observoit me suivit quelques momens après ; j'étois dèja endormi. Cette tendre

escla-

esclave n'eut garde de troubler mon sommeil : elle s'affit fur l'herbe dans une allée voisine , où elle demeura deux heures entieres en attendant mon reveil. Comme elle n'étoit point accoutumée à venir au jardin, j'eus quelque furprife en l'appercevant. Elle s'approcha d'un air timide : j'allai au devant d'elle : Cruel Salem, me dit-elle tendrement, me laifferez vous mourir fans pitié ? Je ne vous demande que de fouffrir mon amour, & vous avez la dureté de me refufer. Que vous ai-je fait pour me haïr ? Tournez du moins vos regards fur moi. Ces paroles, & le ton dont elle les prononça, m'émûrent jufqu'au fond du cœur. Je n'eus pas la force de refifter à des prieres fi tendres, & je lui promis d'être plus fenfible à fon affection.

Ainfi Timec en quelque forte eut les prémices de mon amour. Elle étoit au comble de la joie. Je lui devins fi cher, que la moindre langueur qui paroiffoit fur mon vifage la jettoit dans de mortelles allarmes. Toute la maifon s'en apperçut, & l'on ne trada gueres à porter cette nouvelle à Mamelic, qui n'en fit que rire. Timec exigeoit de moi de tems en tems le tribut, dont elle me croioit redevable à sa paſſion. Il ſembloit qu'elle étudiât tous les endroits où je pouvois me trouver ſeul, & je l'y rencontrois toujours. J'avois pour ſes empreſſemens une reconnoiſſance qui me tenoit lieu d'amour, car elle ne m'apprit point à aimer ; ſi je ſouffrois ſes careſſes, c'eſt qu'il eſt impoſſible de haïr une perſonne dont on eſt exceſſivement aimé.

La ſeconde avanture que j'eus à Andrinople, eſt d'un autre genre. Elle faillit à me couter la vie. J'étois allé chez un marchand acheter de la cire pour mon travail. Je trouvai dans la boutique un homme que je pris pour un Turc, parce qu'il en avoit l'habit. Il m'enviſagea, & croiant reconnoître à mon air que j'étois François, il me démanda en nôtre langue s'il se trompoit dans ſa conjecture. Surpris moi-même de ce que j'entendois, je lui marquai une joie extrême de

ren-

rencontrer une personne de mon pays, & je le priai de me dire s'il demeuroit à Andrinople. Nous eûmes une conversation fort longue & pleine d'amitié. En jettant les yeux sur mon habillement, il me dit : Mais quoi : vous êtes esclave? il me fâche de vous voir dans ce triste état. Croiez-moi, mettez-vous à vôtre aise, & faites ce que j'ai fait ; vous le pouvez aisément, & je vous en donnerai le moien. Je ne souhaite que cela, lui repartis-je ; mais quel moien pouvez-vous me donner ? Faites vous Turc comme moi, reprit-il. Cette proposition me fit frémir depuis les pieds jusqu'à la tête. Elle m'irrita jusqu'au point d'être prêt à le dévisager. Allez infame, lui dis-je, détestable rénégat, portez vos conseils à ceux qui ont l'ame aussi lâche & aussi perfide que vous. Je l'accablai de quantité d'autres injures ; mais comme je voulois sortir, ce traître m'arrête au collet & appelle les voisins à son aide, en criant que j'avois blasphemé contre le Prophete Mahomet. Je fus environné à l'instant d'une

nom.

nombreuſe canaille, qui me traina
devant le Juge qu'ils appellent Cadis ; & mon accuſateur que mes
ſanglans reproches avoient mis dans
une fureur étrange, vint dépoſer
que m'aiant propoſé de me rendre
bon Muſulman, j'avois vomi des
blaſphêmes contre la ſainte Religion de Mahomet & des injures
contre lui. Le crime fut jugé très-
horrible, & comme j'en faiſois l'a-
veu par mon ſilence, le Cadis m'en-
voïa en priſon pour recevoir bientôt
ma ſentence.

Cependant la maiſon de Mamelic
n'étant pas bien éloignée de celle
du Juge, il entendit parler de mon
malheur. Comme ſon frere Elid-
Ibezu m'avoit fort recommandé à
lui, il prit la peine de ſe rendre lui-
même chez le Cadis, & s'étant fait
raconter tout ce qui m'étoit arrivé,
il demanda la liberté de me voir
dans la priſon. Je fus ſurpris de l'y
voir entrer dans un tems, où je
n'attendois plus que la mort. Qu'as-
tu fait, me dit-il, malheureux Salem ? Tu as oſé parler contre le
ſaint Envoié de Dieu. Quel bras
ſera

fera affez fort pour te délivrer du fupplice ! Je lui rapportai exacte-ment de quelle maniere la chofe s'étoit paffée, & je lui jurai que je n'avois, pas parlé de Mahomet. Mon recit parut lui donner de la joie; il me fit affurer la même cho-fe deux ou trois fois, & me quitta fans ajouter rien davantage. Une heure après on m'ouvrit la porte de la prifon, & l'on me renvoia libre. Je puis dire que la préfence de la mort ne me donna pas la moindre crainte. Au contraire, je regardois comme un bonheur de la fouffrir pour une fi belle caufe. J'offrois à Dieu le facrifice de ma vie, avec une tranquillité & une fatisfaction qui ne pouvoient venir que de lui.

Mamelic me voiant rentrer dans la maifon, me fit une réprimande fevere de mon indifcrétion. Il me dit que je méritois de périr, & que fans l'amitié que fon frere avoit pour moi, il m'auroit laiffé entre les mains de la Juftice.

Mon Patron Elid-Ibezu revint en-fin de la guerre. On donna de gran-des marques de réjouiffance à fon

arrivée. Il demanda des nouvelles
de son esclave Salem, & Mamelic
me fit paroître devant lui. Je le sa-
luai en langage Turc. Il en marqua
de l'étonnement & de la joie ; mais
il ne fut pas content de me voir vê-
tu comme les autres esclaves. Mamelic qui le respectoit beaucoup,
s'excusa sur ce qu'il ne lui avoit
point assez expliqué la maniere dont
il vouloit que je fusse traité. Elid-
Ibezu me fit faire dès le lendemain
un habit fort propre, & qui servit à
relever un peu ma figure. La passion de Timec s'accrût encore, en
me voiant dans ce nouvel équipage.
Elle ne pouvoit se lasser de me regarder. Mais aiant appris que je
devois quitter bientôt Andrinople
pour suivre Elid-Ibezu, elle se li-
vra à une tristesse mortelle. Elle
fut se jetter aux pieds de Mamelic,
& le conjura, pour toute récom-
pense de ses fideles services, de
m'obtenir pour son esclave d'Elid-
Ibezu, & de lui permettre de m'é-
pouser. Mamelic en parla à son frere, mais inutilement. Lorsque Timec sut qu'elle n'avoit rien à esperer

rer de ce côté-là, elle changea de batterie. Ce fut à Elid-Ibezu qu'elle s'adreſſa, pour l'engager à la demander à Mamelic. Elid-Ibezu eut la bonté de me conſulter là-deſſus. Je lui fis le récit de toutes les obligations que j'avois à Timec ; & comme la reconnoiſſance me faiſoit parler avec aſſez de feu, il s'imagina que je l'aimois plus que je n'oſois l'avouer. C'en fut aſſez pour le déterminer à la demander à ſon frere : il l'obtint ſans difficulté. La pauvre Timec ne ſe poſſedoit pas dans la joie qu'elle eut, d'être aſſurée que je ne l'abandonnerois point. Je ne puis cacher que j'en reſſentis moi-même quelque ſatisfaction. Ce n'eſt pas que ma conſcience ne me reprochât le commerce que j'entretenois avec elle ; mais cette pauvre créature avoit pour moi une tendreſſe ſi incroiable, que je ne pouvois me défendre de quelque attachement pour elle.

Il ne fut pas beſoin que je ſongeaſſe à faire mes preparatifs pour le voiage d'Amaſie ; Timec y penſa pour elle & pour moi. Nous quit-

tâ-

tâmes Andrinople au commencement de la belle saison, & nous fîmes la route agréablement. Depuis le moment de nôtre départ je ne sentis plus la rigueur de l'esclavage. Toute la suite d'Elid-Ibezu étonnée des égards & de l'attention qu'il marquoit pour moi, ne me regardoit plus sur le pied d'un esclave. J'étois à cheval comme lui, & presque toujours-à côté du sien, où je tâchois de le desennuier par mes discours. Il paroissoit écouter avec plaisir tout ce que je lui racontois des affaires de l'Europe, de la situation du Roiaume de France, & du caractere de ses peuples. Mais où je remarquois mieux le tour de son esprit, c'ést lorsque je lui parlois de morale, & des sciences diverses que j'avois apprises de mes maîtres ou par mes lectures. Il avoit une attention qui me donnoit des apparences de me l'attacher encore davantage, lorsque je pourrois lui parler plus tranquilement aprés le voiage. Quelquefois il admiroit l'adresse & la bonne grace avec laquelle je poussois mon cheval. Les
Turcs

Turcs sont fort ignorans dans ces
sortes d'exercices. Il me faisoit mille questions sur la maniere dont on
dompte les chevaux pour les rendre
propres au manége, sur l'habileté
des Ecuiers François, & sur le soin
avec lequel on forme en France la
jeune Noblesse aux exercices de
l'Academie. J'étois étonné moi-
même de la complaisance avec laquelle il m'écoutoit, & je ne pouvois la regarder autrement que comme un effet naturel de sympathie,
qui agissoit sur mon cœur autant
que sur le sien ; car je n'avois jamais eu pour lui les répugnances
qu'un esclave sent pour un maître
dont sa vie dépend, & qui peut au
premier signe lui faire essuier les
traitemens les plus cruels.

Nous ne découvrîmes Amasie,
qu'après être arrivez au sommet des
montagnes qui l'environnent. Cette Ville est la capitale de la Province
du même nom. Elle est grande,
riche & fort peuplée : sa situation
me parut charmante. Elle est au
milieu d'une plaine de dix lieues de
long & large de quatre, entourée
d'une

d'une chaine de montagnes qui la défendent des vents du Nord & du Midi. La riviere de Casalmach coule dans la plaine, & passe au travers de la Ville où elle procure mille commoditez. L'air y est toujours serein ; l'on n'y connoît point l'hyver. Les maisons y sont de la structure ordinaire chez les Turcs, c'est-à-dire de bois peinturé, ce qui les rend fort brillantes : Elles ont presque toutes un grand jardin, orné d'allées d'arbres, de petits bois, & de parterres. Celle d'Elid-Ibezu, qui étoit un des principaux de la Ville après le Gouverneur de la Province, ou le Beglirbey, ne manquoit d'aucun de ces ornemens. Il fut reçu de ses amis, de ses femmes, de ses enfans, & de ses esclaves avec des transports de joie, car cet homme aimable étoit chéri de tout le monde.

La premiere chose qu'il fit en ma faveur, fut de me donner l'intendance de ses écuries & de ses jardins. Comme je l'en remerciois : Salem, me dit-il, tu vois que l'abondance regne dans ma maison.

Le

Le Grand Prophete à récompensé
ma droiture, ma douceur, & mes
aumônes. J'ai des richesses, de belles femmes, & d'aimables enfans.
Oublie la France & l'Europe ; tu
seras heureux avec moi. Je lui témoignai ma gratitude & mon attachement d'une maniere qui lui plut.
Chaque jour augmentoit son amitié pour moi : je m'accutumai ainsi
doucement à l'esclavage.

Mon Patron régaloit souvent le
Beglirbey & les plus illustres Turcs
d'Amasie. J'avois soin dans ces occasions d'inventer quelque divertis-
sement dans le goût François, qui
les surprenoit toujours agréablement par sa nouveauté. Cela me
fit connoître du Beglirbey, il voulut m'entretenir, sur les éloges
qu'Elid-Ibezu lui fit de moi, & lui
aiant entendu louer sur tout mon
adresse à mener un cheval, il eut
la curiosité d'en vouloir faire l'é-
preuve. Toute la compagnie se rendit aux écuries : je les faisois entretenir avec une propreté dont ils furent charmez. Elid-Ibezu m'avoit
laissé un empire absolu sur ses pale-
fre-

freniers & fur fes chevaux. J'en
avois acheté quelques-uns qui étoient
d'une beauté admirable , & je les
avois dreffé moi même. Le Gouverneur fut fi content du manége
que je leur fis faire en fa préfence,
qu'il pria Elid-Ibezu de permettre
qu'il en envoiât deux des fiens dans
fes écuries , pour être formez par
mes foins. Ma réputation ne fe bor-
na point là. L'inclination que j'a-
vois pour la Mufique , & l'envie de
mériter de plus en plus les bonnes
graces de mon patron , me firent
faire tant de recherches dans Amafie, que je découvris enfin un Theorbe ; je l'obtins à bon marché d'un
Juif Armenien à qu'il appartenoit.
Je le mis en bon état ; & dès la premiere fois qu'Elid-Ibezu traita fes
amis, je leur donnai un plaifir qu'ils
n'avoient jamais eu. Leur furprife
fut extrême d'entendre le fon de cet
inftrument que je touchois fort bien,
& avec lequel j'accordois ma voix
qui eft fort douce. Mon patron
charmé de cette galanterie , me fit
entrer dans la falle du feftin ; & par
une faveur inouïe chez les Turcs,

il m'embrassa tendrement en présence de tous les conviez. Lorsqu'il fut libre, il me prit en particulier, & me dit : Cher Salem, tu m'es plus précieux que toutes mes richesses. J'ai dessein de faire pour toi ce que tu n'oserois esperer. Ne t'oppose point à ton bonheur : je ne te demande qu'une chose pour en être digne, c'est de reconnoître la Loi de notre saint Prophete.

Si je vous suis aussi cher que vous le dites, lui répondis-je, comment pouvez-vous me faire une proposition qui m'aflige ? Je suis né Chrétien, vous le savez ; c'est un avantage que je ne perdrai qu'avec la vie. Je ne vous condamne point, de regarder Mahomet comme un Prophete ; je sai quelle est la force de la coutûme & des préjugez de l'éducation : mais si vous étes attaché à votre Religion, parce que vous la croiez bonne, songez que les raisons qui m'attachent à la mienne me paroissent aussi fortes, & par consequent que ma fermeté ne doit point céder à la vôtre. Je sai que vous avez trop d'amitié pour moi

 pour

pour me donner la mort, mais je
la fouffrirois mille fois plûtôt que
de trahir la Religion de mes peres.

Cette réponfe que je fis avec mo-
dération pour ne point irriter Elid-
Ibezu, ne laiffa pas de le chagriner
beaucoup. Il me quitta fans dire
mot. J'en eus de l'inquiétude pendant toute la nuit : cependant il me
fit appeller de grand matin, & me
tint ce difcours : Salem, je voulois
te rendre heureux, & tu n'y confens pas. L'amitié que je te porte
ne me permet pas de m'en offenfer :
mais tu fentiras peut-être quelque
jour le prix des biens que tu refu-
fes, & tu regréteras de t'en être pri-
vé par obftination. J'avois deux def-
feins : l'un étoit de te charger de
l'éducation de mon fils Amulem,
& l'autre de te faire époufer Selima
la plus chere de mes filles. Ton
zele inconfideré pour ta Religion
ne me permet plus d'y fonger, ce
feroit attirer fur moi l'indignation
du faint Envoié de Dieu : je veux
pourtant continuer à te donner des
marques de ma confiance. Tu iras
tous les jours une fois au quartier
de

de mes femmes pour apprendre la Mufique & le Theorbe à Amulem & à mes trois filles. Je me repofe fur ton zele & fur ta fageffe ; va commencer dès ce moment. Il me donna une de fes bagues, qui étoit la marque à laquelle fes Eunuques devoient m'ouvrir la porte de fon Serrail.

Je n'avois jamais vû fes femmes ni fes filles, qui étoient toujours renfermées à la mode des Turcs, ni même fon fils qui étoit élevé dans le quartier des femmes. Je n'avois jamais approché de ce quartier, de peur de me rendre fufpect, parce que je connoiffois la délicateffe des Orientaux fur cet article. Je me préparai fur le champ à cette premiere vifite, en me mettant plus proprement qu'à l'ordinaire, & je pris mon Theorbe. Les Eunuques m'ouvrirent fans difficulté, en reconnoiffant la marque de leur maître. Ils avertirent auffi-tôt les Dames de mon arrivée. Elles m'atttendoient avec impatience, parce qu'Elid-Ibezu les avoit prévenuës. Après les avoir faluées, je jouai quelques

airs

airs dont elles parurent satisfaites.
Une des Dames appella par leur
nom, Amulem, Selima, & les
deux autres Demoiselles qui devoient
être mes écolieres. A ce nom de
Selima que j'avois déjà entendu de
la bouche de mon patron, je levai
les yeux. Je vis dans Selima une
des plus charmantes personnes qui
aient jamais été sur la terre. Elle
s'avança en me regardant, avec son
frere & ses deux sœurs. Ils avoient
tous quatre quelque chose d'aimable & de prévenant ; mais au premier coup d'œil Selima avoit fait
dans mon cœur une impression qui
n'en sera jamais effacée. Cette
puissante sympathie qui m'attachoit
au pere, se joignit tout d'un coup
à la passion la plus vive & la plus.
tendre. Que je paiai cher à l'Amour
l'insensibilité où j'avois vêcu jusqu'alors !

Il étoit fatal à ma famille d'aimer
comme les autres hommes adorent,
c'est à dire sans bornes & sans mesure. Je sentis que mon heure étoit
venuë, & qu'il faloit suivre la tra-
ce de mon pere. Je priai le Ciel
in-

intérieurement de détourner de moi ses malheurs, & de ne pas permettre que les miens s'augmentassent. Pendant que ce petit cercle de réflexions se formoit dans mon ame, Amulem & ses sœurs avoient pris mon Theorbe, & le consideroient curieusement. Je fis un effort sur moi-même pour leur dire de se préparer à recevoir mes leçons. Je pris du papier que j'avois apporté, & je leur traçai les élémens de la Musique. Mes yeux abandonnoient sans cesse la conduite de ma main, pour se tourner vers Selima. Elle jettoit quelquefois les siens sur moi, & les baissoit ensuite lorsqu'elle rencontroit les miens : mais je m'apperçus bien que mon attention à la regarder l'avoit frappée.

Je me retirai pour garder quelque ménagement dans une premiere visite. Elid-Ibezu qui s'informa de mon retour, me fit donner ordre d'aller lui parler. Eh bien, Salem, me dit il, as-tu vû mon fils & mes filles ? Que pense-tu de Selima ? C'est-elle que je te destinois, si tu avois ouvert les yeux à la lumiere.

Je

Je lui répondis que ce n'étoit point
à un malheureux esclave à former
de si ambitieufes efperances. Si tu
es malheureux, reprit-il, c'eft ta
faute; tu vois bien que je t'aime
plus que tu ne mérites. Les fentimens qui m'agitoient étoient fi violens, que les larmes me vinrent aux
yeux. Ah? mon patron, lui dis-je,
prenez ma vie, elle vous appartient; & ne me déchirez pas par des
reproches qui me font fentir mille
morts. Je ne puis changer de Religion, & je ne puis vivre non plus
en me rendant fi indigne de vos
bontez. Il parut touché de mon de-
fefpoir, & me dit doucement de me
retirer. Le jour fe paffa; je ne re-
prefenterai point mes agitations; on
en peut juger en fe mettant à ma
place. Je retournai le lendemain au
quartier des femmes : Elles vinrent
toutes enfemble folatrer autour de
moi, comme fi elles m'euffent connu depuis long-tems. Selima feule
me parut plus refervée; je fis réci-
ter fa leçon à Amulem, & enfuite
à Jalide qui étoit l'aînée des trois
fœurs. Mais lorfque le tour de Se-
li-

lima fut venu, je la vis rougir en
s'aprochant. Elle récita, sans lever une fois les yeux sur moi; ma
main trembloit en prenant son papier. Jamais maître ne porta plus
injustement ce nom; car j'étois de
cœur aux pieds de ma souveraine
maîtresse. Je leur donnai par écrit
une seconde leçon, & je continuai
ainsi pendant quelque tems en faisant toujours le même personnage.
Enfin je résolus de faire connoître
à Selima quelque chose de ce que
je sentois pour elle : je ne pouvois
croire que l'Amour m'eût touché
si fortement pour une ingrate, &
je me flattai de l'esperance que le
sang d'Elid Ibezu qui couloit dans
les vienes de son aimable fille agi-
roit en ma faveur, & qu'il lui in-
spireroit quelques-uns des sentimens
que mon cher patron avoit pour
moi. Je méditai mon dessein, &
m'étant rendu au Serrail à l'heure
ordinaire, je l'executai heureusement. Quand j'eus fait reciter sa
leçon à Selima, & qu'il fallut lui en
tracer une autre, voici ce que j'écrivis au lieu des principes de Musique.

B 4   Un

„ Un malheur de fortune m'a
„ rendu l'efclave d'Elid-Ibezu ,
„ quoique je fufle bien éloigné par
„ ma naiflance d'une condition fi
„ vile. Mais je tombe dans un au-
„ tre efclavage qui m'eft fi cher &
„ fi glorieux , qu'il me fait oublier
„ les rigueurs du premier. Vous
„ dirai-je , charmante Selima , que
„ ce font vos chaînes que je por-
„ te ? Peut - on en porter d'autres
„ quand on vous a vûë ? mon cœur
„ n'avoit jamais aimé. C'eft un
„ coup du Ciel qui m'améne en
„ Turquie pour vous l'offrir ; de-
„ cidez de mon bonheur , car je
„ n'en aurai jamais d'autre que de
„ vivre & de mourir entierement à
„ vous.

Selima emporta ce papier fans l'a-
voir lû. Je fortis du Serrail dans une
inquiétude mortelle : je craignois
qu'elle ne le laiffât tomber, ou que
quelque femme indifcrette n'eût la
curiofité de demander à voir fa Mufique. Je me retirai dans ma chambre avec cette penfée, qui ne me
permit point de m'occuper d'autre
chofe. J'y trouvai Timec qui venoit
me

me faire des reproches de ce que j'avois été quelques jours sans la voir. Elle étoit malade depuis six semaines ; mais toujours pleine de tendreſſe pour moi , elle ſupportoit impatiemment de longues abſences. Je répondis mal à ſes honnêtetez : elle s'en plaignit amérement. Ma chere Timec , lui dis-je , vous me prenez dans une ſituation ſi fâcheuſe , qu'il m'eſt impoſſible de vous entretenir. C'eſt juſtement dequoi je me plains , répondit-elle ; vous avez des chagrins que vous ne me communiquez pas , à moi qui donnerois ma vie pour vous les épargner. Je connoiſſois ſi bien cette bonne femme , & le fond inconcevable d'affection qu'elle avoit pour moi , que je pris le parti de lui découvrir toutes mes peines. Elle avoit le même emploi chez Elid-Ibezu , qu'elle avoit eu chez Mamelic ; ce qui lui donnoit entrée au quartier des femmes pour l'entretien des meubles. Je m'imaginai qu'elle pourroit me ſervir , & qu'elle y conſentiroit. L'aveu que je lui fis , tira de ſes yeux un ruiſſeau de

 lar-

larmes. Barbare, me dit-elle, il faut
que tu connoisses bien tout le pouvoir que tu as sur moi, pour me
faire une confidence si cruelle! Est-
ce-là comme tu me traites? Chere
Timec, repris-je en serrant une de
ses mains dans les miennes, vous
savez bien que je vous ai promis
pour toute ma vie une vive & sin-
cere reconnoissance; que le Ciel
me punisse si j'y manque jamais. Je
ne vous trompe point; pourquoi
m'accusez vous? Si vous m'aimez,
vous ne devez pas être contente de
me voir souffrir, & vous devez
m'accorder un secours qui dépend
de vous. Auriez-vous la cruauté
de me le refuser? Je l'embrassai en
finissant ces mots. Elle eut la complaisance de me promettre qu'elle
travailleroit à me servir. Elle s'en
alla à l'heure même au Serrail, où
elle eut l'adresse de parler en secret
à Selima. Elle la felicita sur la nouvelle perfection qu'elle alloit ac-
querir en apprenant le Theorbe;
d'où elle prit occasion de tomber
sur mon éloge. Selima rougit en
parlant de moi, & Timec en tira
un

un bon augure. Elle lui dit que c'étoit dommage qu'elle ne pût pas me voir autrement qu'au milieu d'une foule de femmes ; qu'elle pourroit apprendre de moi mille choses qui la rendoient encore plus aimable , & qui m'attireroient son amitié ; que m'aiant entendu parler des Dames du Serrail , elle avoit remarqué que c'étoit Selima que j'estimois davantage ; que je ne me lassois point de parler d'elle, & que c'étoit toujours beaucoup d'avoir part à l'estime d'un homme tel que moi , qui étois d'une grande qualité dans mon pays , & qu'Elid-Ibezu aimoit singulierement. Selima écoutoit attentivement , mais sans affectation. Elle fit à Timec quelques questions sur mon sujet, & se retira.

L'officieuse Timec vint aussitôt me rendre compte de cette conversation. Je ne savois ce que j'en devois penser ; & craignant de me flatter trop , j'attendis jusqu'au lendemain de plus sûrs éclaircissemens : l'heure vint d'aller au Serrail. Selima ne me regarda qu'en entrant,

&

& d'un œil affez fixe ; mais s'étant approchée à fon tour, elle me rendit mon papier en me difant que la leçon de la veille étoit trop difficile, & qu'elle en vouloit une autre. Je mis le papier dans ma poche, perfuadé qu'elle rejettoit mon amour : je lui fis une leçon, & je mis feulement au bas de la derniere ligne :

„ Je vais mourir, belle Selima;
„ fouvenez-vous en apprenant ma
„ mort, que vous en étes la caufe.

Je fortis le plus defeperé de tous les hommes. Il eft certain que du caractere dont je fuis, le malheur que je craignois m'auroit caufé la mort. Je me fentois le cœur défaillir ; & je n'aurois pu vivre plus longtems, car mon ame y étoit toute entiére. Je m'affis fur une pierre en fortant. Je déploiai le papier pour augmenter ma douleur, en relifant le témoignage de mon amour. Mais dans quel excés de joie paffai-je tout d'un coup, lorfque j'apperçus une écriture differente de la mienne ! Mon ame alors paffa toute entiere dans mes yeux, pour lire avidement ces chers caracteres :

Sa-

,, Salem , je me suis bien apper-
,, çuë que vous m'aimez , je ne vous
,, cacherai pas que je me sens beau-
,, coup d'inclination pour vous : el-
,, le augmentera si vous en étes
,, digne. Parlez de moi à Timec
,, qui m'a paruë vous vouloir du
,, bien , elle peut vous servir.

Il seroit long de m'étendre sur les
moiens que j'emploiai pour mettre
cet heureux commencement à profit. Timec me procura une entre-
vûe secrete avec ce que j'aimois.
Ce fut là que mon bonheur s'établit solidement , par la connoissance de tous les charmes de l'aimable
Selima. Je parle des charmes de
son esprit & de son cœur , car je la
respectois trop pour prétendre autre chose. Je ne saurois douter
après l'experience que j'en ai faite ,
qu'il n'y ait des cœurs formez les
uns pour les autres , & qui n'aime-
roient jamais rien s'ils n'étoient
assez heureux pour se rencontrer.
Mais il suffit aussi que deux cœurs
de cette nature se rencontrent un
moment , pour sentir qu'ils sont
nécessaires l'un à l'autre , & que

leur

leur bonheur dépend de ne se séparer jamais. Une force secrete les entraîne à s'aimer ; ils se reconnoissent, pour ainsi dire, aux premieres approches ; & sans le secours des protestations, des épreuves, des sermens, la confiance naît entre eux tout d'un coup, & les porte à se livrer sans reserve. C'est l'image de ce qui se passa entre Selima & moi. Cette charmante personne me dit après un quart d'heure de conversation : Salem, je vois que vous n'étes pas capable de me tromper, & mon cœur me le dit encore mieux que mes yeux. Tout ce que je vois de vous, votre figure, vos traits, vos yeux, votre tour d'esprit, vos expressions ; tout cela répond à quelque chose qui est au dedans de moi, & qui me persuade que vous éprouvez la même impression en me voiant. Oui, chere Selima, lui répondis-je, je reconnois la cause de mon indifférence passée ; c'est que mon cœur n'étant fait que pour vous, il falloit qu'il vous trouvât pour devenir tendre & heureux.

Nos entrevûes secretes furent si
bien

bien menagées par l'adroite Timec, qu'elles durerent pendant le reste de sa vie, sans qu'on en eût la moindre connoissance. Cette pauvre femme mourut six mois après. Je regrettai en elle, non une amante qui m'avoit adoré, mais une mere qui se seroit retranché jusqu'au nécessaire pour me procurer un moment de plaisir ; elle m'avoit sacrifié son amour même : ces sortes d'efforts sont moins d'une esclave que de l'ame la mieux née & la plus genereuse.

Mes visites particulieres ne servirent pas seulement à confirmer notre amour d'une maniere inébranlable, elles procurerent à Selima plus d'une utilité. Je lui appris en six mois le François, l'Italien, & ce que je savois de l'Histoire ancienne & moderne : elle avoit l'esprit capable de tout. Je lui fis goûter aussi peu à peu les principes de notre sainte Foi. On est, dit-on, de la Religion de ce qu'on aime : mais s'il est vrai que sa complaisance pour moi lui fit prêter l'oreille aux veritez de notre Evangile, elle ré-

para

para dans la suite ce qu'il y avoit
eu de trop naturel dans les commen·
cemens de sa conversion. Lorsf·
qu'elle sut assez de François pour
l'entendre parfaitement, je lui pré·
tai mon Telemaque. Elle fut char·
mée de cette lecture. Elle me pria
de le traduire en Turc, pour le di·
vertissement & l'instruction de son
frere & de ses sœurs. J'y travaillai
avec tant d'ardeur, que l'ouvrage
fut achevé en peu de tems. Tout
ce qui regardoit Elid-Ibezu & ses
enfans m'étoit cher. Cette aimable
famille me tenoit lieu de la mienne
que j'avois perduë. Amulem méri·
toit d'ailleurs mes soins par ses bon·
nes inclinations, & par la recon·
noissance qu'il avoit pour mes ser·
vices. Il étoit sorti du Serrail lorsf·
que j'achevai la traduction de Te·
lemaque, de sorte qu'il m'en fallut
faire deux copies, une pour les
Dames, & l'autre pour lui. Elles
se multiplierent bientôt, car Elid·
Ibezu en voulut avoir une, le Be·
glirbey souhaita la même chose: &
la plûpart des Seigneurs d'Amasie
aiant eu la même curiosité, l'ou·
vra·

vrage de M. de Fenelon y devint
fort commun.

Elid-Ibezu fit venir des Theor-
bes d'Italie pour ſes enfans. Ils
étoient déjà aſſez avancez pour jouer
en partie. Nous faiſions fort ſou-
vent des conçerts, où nos voix ſe
mêloient avec les inſtrumens. Les
amis de mon patron m'envoioient
prier quelquefois de leur donner ce
divertiſſement chez eux ; j'y allois
avec Amulem. Je n'y étois pas traité comme un eſclave ; & on s'em-
preſſoit de me faire honneur, &
toute Amaſie me regardoit comme
un homme extraordinaire. Le bon
Elid-Ibezu apprenoit mes petits ſuccès avec plaiſir : mais plus ſon amitié augmentoit pour moi, plus il
reſſentoit de douleur de me voir
obſtiné à rejetter l'Alcoran. Il re-
nouvelloit de tems en tems ſes inſ-
tances, mais toujours avec bonté.
Un malheureux contretems penſa
m'expoſer à ſa violence, & au riſ-
que de perdre ſes bonnes graces.

Depuis la mort de Timec, j'a-
vois été contraint de diminuer les
frequentes viſites que je rendois à
Se-

Selima. Cette contrainte nous affli-
geoit également : Nous tâchions
de nous dédomager par nos lettres,
qu'il nous étoit toujours facile de
nous communiquer ; mais qu'est-ce
que des lettres pour deux Amans
qui font acoutumez à se voir, &
qui ne fauroient vivre fans cette
douceur. Selima qui aimoit fon frere Amulem, & qui étoit fûre d'en
être aimée, avoit pris la réfolution,
de concert avec moi, de lui faire
confidence de notre paffion, & de
l'intereffer par amitié à nous être
favorable. Amulem avoit de l'eftime & de la bonté pour moi : il ne
condamna point notre amour, &
promit à fa fœur de lui faciliter les
moiens de me voir. Ce n'est pas
qu'il eût plus de droit que moi d'entrer au Serrail, en étant une fois
forti ; mais les Eunuques fermoient
les yeux, parce qu'Elid-Ibezu avançoit en âge, & qu'ils s'attendoient
d'avoir bientôt fon fils pour maître. Il avoit obtenu d'eux une clef
qui ouvroit les portes la nuit & le
jour, & tous les foirs il avoit la
complaifance de m'y mener avec
lui

lui pour y paſſer environ deux heures.   Une fois que nous y allions
un peu plus tard qu'à l'ordinaire,
nous entendîmes un bruit épouvan-
table de gens qui crioient , au feu,
& qui appelloient du ſecours. C'é-
toit le Serrail qui brûloit. Bientôt
l'allarme fut répanduë par toute la
maiſon.   Les eſclaves accoururent,
on ouvrit toutes les portes , & nous
entrâmes en confuſion pour ſauver
les Dames.   L'amour me fit trouver aiſément Selima, je la pris par
la main en la preſſant de fuir avec
moi. Dans la fraieur où elle étoit,
elle ſe laiſſa conduire juſqu'au milieu du jardin ſans me reconnoître.
Ah ! me dit-elle , lorſqu'elle m'apperçut à ſes côtez, c'eſt vous mon
cher Salem.   Ciel ! qu'allons-nous
devenir ? Je lui répondis que ma
chambre n'étoit pas loin , & qu'il
falloit profiter de ce trouble pour
nous entretenir une heure ou deux.
Elle y conſentit, parce qu'elle ne
pouvoit rien me refuſer. Dans le
fond , je me figurois que toutes les
Dames ſeroient diſperſées comme
elle , & que notre éloignement ne
ſe-

feroit point apperçu. Nous entrâmes donc dans ma chambre, qui
donnoit de plein-pied fur le jardin,
& qui étoit ornée affez promprement.
Par malheur pour moi, Elid-Ibezu
avoit veillé fur fes femmes plus qu'à
la confervation de fes appartemens.
Il les avoit raffemblées lui-même
dans une falle baffe, & voiant manquer une de fes filles, il en avoit
eu beaucoup d'inquiétude. Un efclave qui m'avoit apparemment vû
paffer avec Selima, lui dit qu'il la
croioit avec moi dans ma chambre.
Le vieillard fans rien approfondir
y court fur le champ, pouffe rude-
ment la porte, & m'apperçoit aux
pieds de Selima, dont je baifois
tendrement les mains. Cette vûe
le mit en fureur. Il tira fon poignard,
& m'auroit percé de vingt coups,
fi fon fils ne l'eût arrêté. Heureufement Amulem avoit entendu le
rapport de l'efclave, & craignant
ce qui devoit arriver, il avoit fuivi
fon pere affez vîte pour lui retenir
le bras au moment qu'il m'alloit
percer. Nous nous jettâmes tous
trois à fes genoux : Mais croiant
me

me faire grace en me laissant la vie,
il voulut que je fusse du moins mis
en prison. On m'y conduisit aussitôt. Selima fut obligée de lui faire
l'aveu de la tendresse que j'avois
pour elle, & de tout ce qu'il avoit
ignoré jusqu'alors. Amulem pro-
testa qu'il connoissoit l'innocence
de notre amour , & n'épargna rien
pour appaiser son pere. Le vieillard un peu revenu à lui-même, dit
à sa fille : L'aimez vous véritable-
ment? Ah! mon cher pere, répondit la tendre Selima, je l'aime plus
que ma vie. Si cela est, répondit-
il, je veux absolument qu'il embras-
se sans differer la loi du saint Prophete, & qu'il devienne vôtre époux.
Selima ne repliqua point, pour lui
laisser le tems de calmer entierement
sa colere.

Elid Ibezu me portoit une si vé-
ritable affection , que rien n'étoit
capable de la lui faire perdre. Malgré l'emportement qu'il avoit marqué la veille, il me fit appeller dès
qu'il fut levé, & me dit avec sa douceur ordinaire : Salem, je ne veux
pas te reprocher ici mes bienfaits ;

mais

mais si la bonté & l'amitié méritent quelque reconnoissance, il me semble que tu dois te reprocher à toi-même un excès d'ingratitude. Après t'avoir traité en fils plûtôt qu'en esclave, j'ai voulu prendre jusqu'au nom de pere à ton égard, en t'offrant ma fille Selima pour épouse; & à quel prix te l'ai-je offert? A un prix qui devroit exciter tous tes desirs, puisque je te propose d'embrasser la loi du saint Prophete, ce qui est le plus inestimable avantage qui puisse t'arriver. Cependant, ingrat Salem, non seulement tu fermes les yeux à ton propre bonheur, mais après avoir méprisé l'offre de ma fille, tu entreprens de la séduite par des voies que je ne saurois approuver, & que ma seule bonté m'empêche de punir : prens y garde, Salem; l'amitié a des bornes, dont elle ne sort que pour devenir fureur. Je te laisse encore deux jours pour apprendre à respecter mes volontez, ne me force pas à la haine. Il faut m'obéir, ou te préparer à tous les effets de mon ressentiment. Je voulus répondre, & je me jettai
aux

aux genoux de ce bon patron ; mais il se retira en disant , Je n'écoute rien , je veux être obéi.

Je demeurai dans un état qu'il m'est impossible de décrire. La Religion , l'honneur , l'amitié , l'amour , me representoient si tyranniquement tous leurs droits , que je sentois dans mon cœur une espece de division qui le déchiroit cruellement. Il n'y a que la mort , me disois-je , qui puisse les accorder. Eh bien ! mourons ; est-ce un mal si grand de se donner la mort , quand on meurt pour sa Religion , qu'on ne veut point abandonner ? Dieu ! pour qui je combats , permettez moi de mourir , ou finissez mes peines.

Amulem entra par hazard dans la chambre où j'étois , & voiant ma tristesse , il en voulut savoir la cause. Je ne lui cachai rien , il me plaignit beaucoup , & m'assura qu'il tâcheroit de ramener l'esprit de son pere. Mais , lui dis-je ; que deviendra Selima ? Il me répondit que je ne pouvois souhaiter raisonnablement de la voir avant que ces troubles fussent appaisez , qu'il falloit
pren-

prendre un peu de patience, & qu'il alloit travailler à notre bonheur. Amulem étoit dans le feu de la premiere jeuneſſe, & comptoit la Religion pour aſſez peu de choſe. Il auroit levé ſans ſcrupule cet obſtacle à notre amour, s'il en eût été le maître : Mais la vieilleſſe rendoit Elid-Ibezu ſuperſtitieux juſqu'à l'excès. On le trouvoit ſans ceſſe occupé de quelque pratique de devotion, & ſes aumônes alloient juſqu'à la profuſion. Il promit aux inſtantes prieres de ſon fils, qu'il me laiſſeroit tranquile ſur ma Religion ; mais rien ne put le faire conſentir à me donner Selima, s'il ne me voioit auparavant bon Muſulman. Cette réponſe qu'Amulem me rapporta, ſatisfit bien peu mon amour. Il me conſola en me faiſant eſperer que l'avenir me rendroit plus heureux, & me promettant que nous rendrions tous les deux jours une viſite à Selima. Je recommençai à vivre avec Elid-Ibezu ſur le pied ordinaire. Dans les exhortations qu'il continuoit à me faire pour me conduire, diſoit-il, au chemin de la vraie félicité

cité, je prenois quelquefois la liberté de lui propoſer des objections
auſquelles il tachoit de répondre.
Je n'en rapporterai qu'une, pour
faire connoître au lecteur de quelle
maniere les Turcs raiſonnent ſur la
Religion. Quel moien, lui diſois-je,
d'eſtimer une loi qui ne flatte que
les ſens, qui ne propoſe pour récompenſe que des voluptez groſſié-
res, & qui met le corps, cette partie mépriſable de notre être, en
poſſeſſion de tous les droits de l'eſprit ! Quelle difference entre la pu-
reté de l'Evangile des Chrétiens, &
les deſordres permis par l'Alcoran !
Je plains ton erreur, Salem, me
repondit Elid-Ibezu ; tu manques
de lumieres, & les ſaintes veritez
que tu mépriſes paſſent tes connoiſ-
ſances. Ecoute le ſage raiſonnement
du grand Prophete. Dieu n'aiant
pas voulu tout d'un coup ſe communiquer aux hommes, ne s'eſt
d'abord fait connoître à eux que par
des figures. La premiere loi, qui
fut celle des Juifs, en eſt remplie.
Il ne leur propoſoit pour motif &
pour récompenſe de la vertu, que

des plaisirs charnels & des felicitez
grossieres. La loi des Chrétiens qui
a suivi celle des Juifs, étoit beaucoup plus parfaite, parce qu'elle
donnoit tout à l'esprit, qui est sans
contredit au-dessus du corps. Elle
ne premettoit que le desir des biens
spirituels, & des plaisirs qui font
degagez des sens. C'est un second
état par lequel ce Dieu bon a voulu
faire passer les hommes, pour les
préparer insensiblement à l'état de
grace & à la sublime perfection. Il
a choisi enfin dans la plénitude des
tems son saint Prophete, le trois
fois Grand Mahomet, pour être
le porteur d'une loi nouvelle, dans
laquelle tous les dons de la puissan-
ce & de la misericorde font renfer-
mez. Ce ne font plus les seuls biens
du corps comme dans la loi des
Juifs, ni les seuls bien spirituels
comme dans l'Evangile des Chrétiens ; c'est la felicité du corps & de
l'esprit que l'Alcoran promet tout
à la fois aux veritables croians.
Nous commençons dès cette vie à
en goûter un essai par anticipation ;
mais qu'est ce que les plaisirs d'ici

pas,

bas, en comparaison de ceux qui nous attendent dans le Paradis du saint Envoié de Dieu ? Au reste, ces divins plaisirs ne sont promis qu'à ceux qui aiment Dieu & son Prophete, & qui pratiquent la piété & les bonnes œuvres ; car c'est une usurpation dans les méchans de les goûter, même sur la terre ; & quelque jour ils seront horriblement punis par les Anges noirs, pour avoir pris part à des voluptez qui n'appartiennent qu'aux bons Musulmans. Voila, Salem, ce que tu ignores ; & ton ignorance cause ton incredulité.

Elid-Ibezu reçut dans le même tems des nouvelles d'Andrinople, qui lui marquoient que son frere Mamelic étoit à l'extrémité. Quelque amitié qu'il eût pour lui, son grand âge ne lui permit pas de faire ce voiage. Il y envoia son fils. Je fus nommé pour l'accompagner, moins en qualité d'esclave que de Gouverneur. Nous reçûmes les derniers soupirs de Mamelic, & nous recueillîmes sa succession, qui montoit à dix-huit cens mille livres;

C 2

car

car il étoit mort fans laiffer d'enfans. J'appris à Andrinople que par
le Traité de Carlowits l'Empereur
avoit conclu avec les Turcs une
Treve de vingt-cinq ans , qui rendoit la tranquilité aux deux nations.
Je vis auffi dans cette ville le fameux
Comte de Tekeli, à qui le Grand
Seigneur donnoit la Principauté de
Vidin , de Caranfibes , & de Lugos,
pour le dédommager de la perte
qu'il avoit faite de fes Etats de Hon-
grie. J'eus la curiofité d'approcher
de ce Prince. Les Turcs lui por-
toient affez de refpect , par une
efpece de reconnoiffance de ce qu'il
avoit fait pour eux. Je lui trouvai
l'air martial , mais feroce. Une
mouftache de grandeur énorme qui
s'élevoit jufqu'à fes yeux , couvroit
entierement fon vifage, Il parloit
peu , mais fa vivacité fe remarquoit
affez par fon agitation continuelle.
Je ne le vis pas un feul moment
tranquile. Il avoit avec lui une efclave Bulgarienne , dont il étoit paf-
fionnément amoureux. On me raconta que cette efclave le fuivoit
même au combat , & que loin d'être
épou-

épouvantée à la vûë d'un fabre, elle
s'en fervoit avec beaucoup d'adreffe
& de generofité. Le Comte l'avoit
formée lui même à ce rude exerci-
ce, en lui faifant trancher à fes yeux
la tête de plufieurs prifonniers Alle-
mands. Il avoit l'art d'infpirer
ainfi la valeur à toutes les femmes
qu'il aimoit. On fait que la Comteffe de Tekeli en donna de glorieu-
fes preuves à la défenfe de Mon-
gars.

Amulem prit la réfolution d'aller
voir Conftantinople, avant que de
retourner à Amafie. Il me communiqua ce deffein qui me chagrina
beaucoup : je tâchai inutilement de
l'en détourner. Il devina aifément
par quel interêt je fouhaitois notre
retour, & que l'abfence de Selima
me caufoit un mortel ennui. Pour
me confoler il renouvella la promeffe qu'il m'avoit faite de me rendre un jour heureux ; cette efpe-
rance me releva le courage, &
m'attacha à lui plus fortement que
jamais. Nous rencontrâmes en approchant de Conftantinople un
équipage de chaffe, dont la magni-
C 3			ficen-

ficence nous fit juger que c'étoit
celui du Sultan. On nous dit que
le Sultan lui-même n'étoit pas loin,
& qu'il s'avançoit à cheval, accompagné de la Sultane favorite. C'étoit
Muftapha fecond. Nous nous re-
tirions pour éviter fa rencontre,
lorfqu'un bruit forti foudainement
de la forêt où le Sultan étoit encore, nous obligea de tourner fa
tête; & voiant tous les chaffeurs y
courir, nous y courûmes avec eux.
Le premier fpectacle qui frappe nos
yeux, fut un cheval qui couroit
fans cavalier, quoiqu'il fût riche-
ment caparaçonné. Nous avançâ-
mes, & nous apperçûmes entre les
arbres le Sultan à pied, la Sultane
à fon côté, & un homme mort à
quelques pas d'eux. Cette tragique
apparition nous fit arrêter. Muftapha parloit à la Sultane avec beaucoup de feu. Les Turcs de fa fuite
faifoient un cercle autour de lui,
& tenoient les yeux baiffez par refpect. Après quelques momens d'un
entretien fort animé, il fit fouiller
dans les poches du mort, d'où l'on
tira quelques papiers. Il les lut, &

au

au même inftant il tira fon poignard
dont il préfenta la pointe à la Sultane en la menaçant. Cette action
brutale fit horreur à tous les affiftans,
qui connoiffoient la violence de ce
Prince. Enfin il la fit remonter
dans fa cariole, & continua fa route avec elle jufqu'au Serrail. Nous
abordâmes quelques efclaves de fa
fuite, pour nous informer des cau-
fes de cette avanture. L'un d'eux
nous raconta que la Sultane qui fe
nommoit Ofcine, avoit été amenée
depuis peu au Serrail ; & qu'elle
étoit de Smyrne : Que MEZZO Morto, ce corfaire fameux qui défoloit
les côtes de la Mediterranée, l'avoit
enlevée à un jeune Grec qui la devoit époufer, & qu'il en avoit fait
prefent au Grand Seigneur : Que
cette malheureufe fille n'avoit jamais
pû s'accoutumer à fon fort ; que
recevant à regret les careffes de
Muftapha, & cherchant toujours
la folitude, cette conduite l'avoit
fait foupçonner de quelque intrigue
fecrete, fans qu'on eût pû néanmoins en rien découvrir. Mais que
ce jour même le jeune Grec fon
C 4 amant,

amant, qui étoit venu à Conſtanti-
nople, aiant appris qu'Oſcine devoit
être d'une partie de chaſſe avec le
Sultan, s'étoit deguiſé ſous l'habit
d'un Eunuque du Serrail, dans
l'eſpérance que la multitude l'em-
pêcheroit d'être reconnu, & qu'il
pourroit trouver l'occaſion de parler à ſa maîtreſſe : Que malheureuſe-
ment Mezzo Morto même qui étoit
de la chaſſe, l'avoit apperçû malgré
ſon déguiſement ; qu'il en avoit
averti l'Empereur, qu'il l'avoit poi-
gnardé de ſa propre main aux yeux
de la Sultane ; que les lettres étoient
d'elle apparemment, & lui avoient
attiré les menaces dont nous avions
été témoins.

Amulem avoit le cœur tendre,
& la vûe de cette belle Sultane l'a-
voit touché. Il le fut encore plus
du récit qu'il venoit d'entendre.
Salem, me dit-il, ſi je croiois que
cette charmante Grecque pût aimer
quelque choſe après la mort cruelle
de ſon amant, j'emploierois volontiers ma vie pour la tirer des mains
de ſon perſecuteur. Je lui répondis
que cette entrepriſe étoit ſi difficile,
qu'on

qu'on y pourroit bien laisser la vie sans y réüssir. Tu connois moins que moi, repartit-il, les facilitez que j'y pourrois trouver. Dis-moi seulement si je puis compter sur toi. Je me plaignis de la défiance qu'il témoignoit de mon attachement & de mon zéle. Eh bien, continua-t-il, je gage que pour peu que la Sultane veuille préter l'oreille à mes sollicitations, j'en ferai ma conquête avant que nous quittions Constantinople. Il avança en finissant ces mots vers l'esclave qui nous avoit raconté l'histoire d'Oscine. Il l'entretint en marchant l'espace d'une demie heure, & vint me rejoindre avec un visage content. Cet esclave, me dit il, est du Serrail : Je l'ai mis dans mes interêts par un present de cent sequins, & par l'esperance de quelque chose de plus. Avec de l'argent j'achéterois le Serrail tout entier. Nous arrivâmes dans la ville. Amulem alla loger chez un Turc des amis de son pere, qui se nommoit Genap. Nous visitâmes le lendemain tous les quartiers de cette grande ville,

C 5

qui

qui me parut extrémement peuplée, mais moins belle qu'Andrinople. Nous paſſâmes par un marché public, que les Turcs appellent Baſar, où l'on vendoit des eſclaves. Il prit envie à Amulem d'en acheter quelques-uns pour la maiſon de ſon pere. Nous les examinâmes tous : Il trouva parmi eux pluſieurs François qui me firent compaſſion. Comme je les interrogeois en notre langue, un d'entre eux me pria de lui parler un moment en particulier. Il me dit qu'il étoit Religieux ; & que ſon malheur l'avoit fait tomber entre les mains des Turcs ; qu'il me demandoit en grace de l'acheter préférablement aux autres , parce qu'étant François il eſperoit être plus doucement avec moi. Je lui répondis que je n'étois point le maître, mais que j'y pouvois quelque choſe. En effet Amulem l'acheta à ma priere , avec quelques autres qu'il choiſit lui-même. Nous retournâmes chez Genap. Amulem y trouva un eſclave qui l'attendoit depuis quelques heures. Ce n'étoit pas le même à qui il avoit donné cent

ſe-

sequins, mais un autre qui l'aver-
tissoit de sa part par un billet, qu'il
pouvoit écrire à la Sultane, comme
ils en étoient convenus, & que la
lettre iroit sûrement jusqu'à elle.
Amulem écrivit aussitôt cette lettre
qu'il me montra.

,, Belle Oscine, j'ai été témoin
,, de vos douleurs, & de la barba-
,, rie avec laquelle vous fûtes trai-
,, tée il y a deux jours dans la forêt.
,, Je vous aurois vengée à l'instant,
,, si ma force eût égalé l'amour que
,, vos beaux yeux m'inspirerent.
,, Mais puisque votre presecuteur
,, est à convert de la violence par
,, les gardes qui l'environnent,
,, fuyez du moins sa cruauté. L'a-
,, mour me donnera les moiens de
,, faciliter votre fuite. Je vous de-
,, mande votre cœur pour récom-
,, pense, & j'attens votre réponse
,, qui fera la felicité du mien.

Je représentai à Amulem à quel
péril il s'exposoit, s'il arrivoit quelque accident à sa lettre. Mais la
crainte ne trouve point d'accès dans
un cœur jeune & amoureux. Il la
donna à l'esclave, avec un present,

C 6

pour

pour l'attacher à ses interêts. Pendant qu'il s'occupoit de son amour, & des moiens de delivrer Oscine, je visitai le nouvel esclave qui se disoit Religieux, & je lui demandai par quelle infortune il se trouvoit réduit à cette triste condition : voici ce qu'il me raconta. Je suis né à Aix en Provence d'une honnête famille. Dès l'âge de quinze ans j'entrai dans l'Ordre des.... mais n'étant pas propre à l'état Religieux, je me repentis bientôt de cette démarche. Cependant des considerations d'honneur, & la crainte de mes parens me retinrent dans l'état que j'avois embrassé. Je fis les exercices ordinaires aux jeunes gens de mon Ordre. Ma conduite qui n'étoit pas des plus regulieres, fit fermer les yeux à mes Superieurs sur les talens que j'avois reçus du Ciel. Ils me tinrent dans l'humiliation, en refusant de me faire prendre la Prêtrise. Ce coup me fut sensible. J'avois brillé dans les études, & j'étois accoutumé à recevoir des éloges. Je ne pus digerer cette honteuse distinction qui me deshono-

roit

roit. Au lieu donc d'en prendre
occasion de rentrer dans mon devoir, & de mériter l'oubli de mes
fautes par une conduite plus reglée,
je ne pensai plus qu'à me dédommager par des plaisirs secrets, de
l'injustice que je me figurois que l'on
m'avoit faite. On s'apperçût de mes
desordres, on voulut les corriger
avec charité; mais les remontrances
& les châtimens furent inutiles,
j'étois tombé dans un endurcisse-
ment qui me préparoit encore à de
plus grandes chutes. J'affectai néanmoins une vie plus sage pour cacher
plus finement mon dessein. J'avois
un oncle Banquier en Cour de
Rome. Je lui écrivis une lettre touchante, par laquelle je le persuadai
si bien que mes Superieurs m'avoient
maltraité injustement, qu'il obtint
du Saint Siege un Bref de transla-
tion, à la faveur duquel je quittai
ma robe pour en prendre une moins
rigoureuse. Mon oncle eut le cré-
dit de me faire venir à Rome. Je
m'y livrai sans reserve à tous les
plaisirs. Mais ce qui acheva de me
perdre, fut une folle passion que je

                    con-

conçûs pour une jeune Romaine,
que je me mis dans la tête d'épouser. Mes vœux étoient un obstacle.
J'emploiai tout le credit de mes
amis, pour en obtenir la dispense.
Le désespoir où me jetta l'impossi-
bilité de réussir, me fit prendre le
parti de passer en Hollande avec ma
maîtresse. J'y fus reçu à bras ou-
verts. On y fit beaucoup valoir la
prétenduë conversion d'un Ecclé-
siastique qui venoit de Rome, & les
Ministres s'applaudissoient d'une
conquête enlevée du sein même de
leurs ennemis. Je riois interieure-
ment de leur crédulité, & je ju-
geois par mon exemple, qu'il en
étoit de même de tous ceux à qui
la débauche fait quitter l'Eglise Ca-
tholique, pour trouver plus de liberté dans le parti de l'erreur. Je fus
d'abord heureux avec ma maîtresse,
autant qu'on peut l'être, en vivant
dans le crime. Mais comme nous
avions apporté peu d'argent, & que
la charité de Messieurs les Ministres
ne se pressoit pas de nous mettre à
notre aise, je craignis les suites fâ-
cheuses de la necessité qui nous

étoit

étoit inévitable ; déjà même elle commençoit à nous preſſer. Je m'a-dreſſai à un Juif fort riche d'Amſter-dam, qui faiſoit un gros commerce, & je le priai de m'emploier à quel-que choſe pour éviter la miſere. Il m'offrit de me donner de l'emploi dans les Comptoirs du Levant, où il me dit qu'il devoit envoier au pre-mier jour un vaiſſeau. Je m'embar-quai avec ma maîtreſſe & pluſieurs autres perſonnes, que le perfide Juif avoit attirez par la même eſpé-rance. Nous fîmes heureuſement le tour de la France & de l'Eſpagne ; mais lorſque nous eûmes paſſé le détroit de Gibraltar, nos fûmes rencontrez par un Corſaire de Gal-lipoli, qui s'approcha de nous au ſignal dont il étoit convenu avec le Juif, & nous fûmes tous livrez au Corſaire pour une ſomme d'argent que nous vîmes compter en notre préſence. Imaginez-vous quels fu-rent nos cris, & de quels reproches nous accablâmes le barbare qui nous avoit trahis. Il ne parut ému de rien. Nous fûmes conduits à Gallipoli, où l'on nous a vendus ſéparement

à

à divers marchands d'efclaves. Comme je fuis d'affez belle taille, j'ai été amené droit à Conftantinople, dans la penfée que j'y ferois vendu plus cher.

Je confolai ce malheureux, en lui difant qu'il ne pouvoit tomber avec un meilleur maître, & que pourvû qu'il fût garder une bonne conduite, il ne fentiroit point les rigueurs de la fervitude. Il étoit presque nud : je lui fis donner quelques habits, & j'eus foin qu'il fût traité un peu plus doucement que les compagnons de fa mifere.

Amulem avoit apporté pour fe defennuier dans le voiage, la traduction de Telemaque, dont je lui avois fait prefent. Il la lifoit fans ceffe, & l'eftime qu'il en faifoit la lui fit montrer à quelques-uns de fes amis. On en parla au Muphti, qui eft comme le Pape des Turcs. Il fut curieux de la voir, & aiant appris qu'elle avoit été faite par un efclave François, il m'envoia ordre de me rendre chez lui. Il me dit qu'il étoit charmé de cette lecture, & me demanda fi nous avions beaucoup

coup de livres de ce mérite en France. Je lui répondis qu'à la verité Telemaque étoit un ouvrage d'un prix diftingué, mais que rien n'étoit plus commun en France que les bons livres, & qu'il ne fe paffoit point d'année, ni même de mois, fans qu'il en parût quantité de nouveaux parmi lefquels il y en avoit toujours d'excellens. Le Muphti convint que cela nous donnoit un grand avantage fur fa nation, & que l'amour des Sciences étoit une chofe qui manquoit à la gloire des Turcs. Il ajoûta plufieurs réfléxions très-judicieufes fur l'utilité dont elles feroient pour l'Empire Ottoman. Dans les premiers fiecles de l'établiffement du divin Alcoran, il y auroit eu de l'inconvenient, me dit-il, à fouffrir que nos peuples fuffent trop éclairez. Il falloit laiffer jetter de profondes racines à la foumiffion & au refpect qui font dûs à ce faint Livre. Mais aujourd'hui que la loi du grand Prophete eft fi bien établie & fi juftement refpectée, je ne vois que de l'avantage à cultiver les Sciences parmi nous.

nous. J'ai deffein depuis long-tems d'en faire la propofition à l'incomparable Sultan. Il me renvoia avec ordre de dire à mon patron Amulem, qu'il retenoit Telemaque pour fon ufage ; & qu'étant fon efclave, je pourrois lui en faire un autre. J'ai appris depuis mon retour en France que le projet du Muphti s'execute, & que le Grand Seigneur, qui regne à prefent, a établi une Imprimerie à Conftantinople, où l'on reçoit, en payant bien, les manufcrits qu'on y porte des livres François traduits en langue Turque. Je ne doute point que ma traduction de Telemaque n'ait beaucoup contribué à cet établiffement. Le Meffager d'Amulem revint le foir du troifiéme jour, avec un billet qui étoit la réponfe de la Sultane. Voici ce qu'il contenoit :

„ Qui que vous foiez , qui étes
„ touché de mes peines , puiffe le
„ Ciel vous donner la récompenfe
„ que votre compaffion mérite.
„ Vous m'exhortez à fuir , & vous
„ croiez en pouvoir trouver les
„ moiens. Helas ! de quelle efpe-
„ ran-

„ rance me flattez-vous ! Qui pour-
„ ra pénétrer les horreurs de ma
„ prison, & tromper les surveillans
„ dont je suis environnée ? Si l'a-
„ mour vous fait croire cette entre-
„ prise possible , executez - la , j'y
„ consens. Soiez sûr de ma recon-
„ noissance. Un cœur aussi affligé
„ que le mien n'est guere capable
„ de devenir tendre ; mais je sens
„ déjà qu'il est touché de votre gé-
„ nerosité , & l'avenir pourra le
„ rendre encore plus sensible à vos
„ soins.

OSCINE.

C'en est trop , me dit Amulem
après la lecture de ce billet ; je fi-
nirai ses peines quand il devroit
m'en coûter la vie. Il prit une
plume , sans attendre ma réponse,
& traça ces deux lignes pour la Sultane.

„ Vous serez libre, Madame, ou
„ je périrai. Prenez patience pen-
„ dant deux jours , & ne craignez
„ point de vous fier à celui qui ne
„ veut vivre que pour vous rendre
„ heureuse.

II

Il fit une au re lettre pour l'efclave qu'il avoit gagné fur le chemin de Conflantinople, & qui ne
fortoit jamais du Serrail qu'avec le
Grand Seigneur. Il le follicitoit à
feconder fon entreprife par la promeffe de la liberté, & d'une fomme de quatre mille fequins. Il ne
lui demandoit pour premiere grace,
que de lui faire une defcription é-
xacte de la fituation du jardin du Serrail du coté de l'appartement de la
Sultane. Nous la reçûmes le lendemain, avec un détail fi clair & fi
éxact, que je convins moi-même
que s'il étoit jufte, nous pouvions
y entrer fans autre guide. Amulem
en voulut faire l'épreuve dès la nuit
fuivante. Son deffein me fit fremir,
mais j'avois trop de courage pour
reculer lorfqu'il s'agiffoit de fervir
mon patron. Nous nous rendîmes
derriere le jardin du Serrail, munis
de deux bonnes échelles de corde,
avec un crochet de fer qui y étoit
attaché. Il étoit environ minuit.
L'efclave, dont le nom étoit Sambas, avoit parole que nous y arri-
verions vers cette heure. Quelque
éle-

élevée que fût la muraille, nous montâmes facilement par le moien de nos échelles, nous descendîmes dans le jardin avec la même facilité. Sambas qui nous attendoit, vint nous joindre. Nous nous retirâmes d'abord avec lui dans un bosquet pour prendre langue, & lui renouveller les promesses d'Amulem. Il nous fit ensuite avancer par divers détours jusqu'au pied de l'appartement d'Oscine. Ses fenêtres qui étoient au second étage paroissoient encore éclairées, ce qui causa un peu d'épouvante à l'esclave; nous le rassurâmes. Amulem considera attentivement la disposition des lieux, la hauteur des fenêtres, & leur distance de la muraille du jardin. Il donna à Sambas un billet qu'il avoit aporté pour Oscine, par lequel il lui marquoit de se tenir prête pour la seconde nuit après celle où nous étions. Il recommanda la même chose à Sambas, & nous nous retirâmes comme nous étions venus.

J'ignorois le dessein d'Amulem. Il m'avoit dit seulement qu'il vouloit

loit

loit me furprendre par une invention nouvelle, & qu'il me laifferoit
à juger fi les François étoient plus
induftrieux que les Turcs en galanterie. Il acheta dès qu'il fut jour,
une felouque fort legere. Il engagea à force d'argent & par de gran-
des efperances, un pilote habile à
lui vouer fes fervices avec quatre
matelots, & il leur marqua le tems
auquel ils devoient fe trouver fur la
Côte du détroit, vis-à-vis les jardins
du Serrail. Sûr de ce côté là, il
me mena chez un marchand de pa-
niers, auquels il fit commencer fur
le champ une efpece de coffre d'o-
zier de cinq ou fix pieds de longueur : Il le fit revétir au dedans de
martre zibeline, & y fit mettre
un oreiller capable de foûtenir la
tête. Enfuite il acheta quatre ou
ciq cens braffes de corde, tant
groffe que menuë, & fit attacher
au bout de la groffe une boucle de
fer fort épaiffe. Tout cela fut achevé dans le même jour. Je fuis content de moi, me dit-il le foir, j'ef-
pere l'être encore plus dans vingt-
quatre heures. Cependant comme
il

il rêvoit sans cesse à l'execution de son dessein, il acheta encore le lendemain une roüe de bois , facile à tourner. Lorsque la nuit marquée fut arrivée, il prit congé de Genap qu'il avoit prévenu sur son départ, & il fit prendre le coffre d'ozier, les cordes & la roüe, aux cinq esclaves que nous avions achetez au Bazar de Constantinople. Nous gagnâmes à petit bruit la Côte du détroit, où nous trouvâmes la felouque ; mais il est tems d'expliquer le dessein d'Amulem.

Comme il avoit remarqué l'éloignement des appartemens de la Sultane aux murs du jardin, il avoit conçû qu'en attachant à ses fenêtres une corde qui répondroit hors de l'enceinte, il pourroit faire couler le panier depuis sa chambre jusques au delà des murs, & la delivrer ainsi, sans qu'elle courût le moindre risque. Cette entreprise me parut d'abord extravagante mais en y faisant plus d'attention, j'en vis la possibilité. Pour lui, qui comptoit sur un succès infaillible, il attendit à peine que l'heure fût venuë. Nous

étant

étant approchez à certaine diftance
des murs, nou préparâmes la rouë
qui étoit deftinée à bander la corde
lorfqu'elle feroit attachée aux fenêtres. Amulem m'ordonna de demeurer dans ce lieu pour tourner la
rouë, & recevoir doucement le
coffre d'ozier à fa chûte. Il paffa la
muraille; je l'aidai à élever le coffre, & Sambas le reçut de l'autre
côté. Je retournai auprès de la rouë;
je n'avois avec moi que le Religieux
efclave, auquel j'avois crû pouvoir
donner quelque confiance. Il étoit
à craindre que le hazard ne conduifit quelqu'un vers nous, quoique
nous fuffions dans un lieu fort dé-
fert, mon parti étoit pris d'égorger
indifferemment tout ce qui fe pré-
fenteroit. Enfin après avoir attendu
plus d'une heure demie, je jugeai
par le mouvement de la corde qu'il
étoit tems de la bander. Environ
une demi heure après, je vis le coffre qui defcendoit affez doucement,
parce que la fenêtre n'étant pas fort
élevée il n'avoit qu'une pente mé-
diocre. Je le reçûs dans mes bras,
je ne voulus pas l'ouvrir avant le
re-

retour d'Amulem, afin qu'il eût le plaisir d'en tirer lui-même sa chere Sultane. Il tarda quelque tems à revenir, aiant jugé à propos de délier la corde du côté de la fenêtre pour ne laisser aucuns vestiges de notre fuite. J'avois quelque inquiétude de son retardement, lorsque je le vis paroître avec Sambas. Nous ne perdîmes pas un moment à nous rendre à bord de la felouque, & le pilote fit mettre incontinent à la voile.

Il faut avoir aimé, pour juger des sentimens d'Amulem à la vûe d'Oscine. Elle reçut ses transports avec moderation, mais sa reconnoissance paroissoit assez dans ses yeux, & elle ne put s'empêcher de l'exprimer dans des termes qui charmerent son liberateur. Elle demeura jusqu'au jour dans le coffre d'ozier où nous l'avions apportée du rivage. Amulem me raconta en sa présence les perils qu'il avoit essuiez pour pénétrer jusqu'à sa chambre. Sambas l'avoit conduit heureusement jusqu'à la porte, mais aiant frappé doucement pour se la faire ouvrir,

il s'étoit presenté à lui un vieil Eunuque auquel il avoit été obligé de
plonger son poignard dans le sein.
Deux femmes qui étoient couchées
auprès d'Oscine, avoient subi le
même sort. La Principale difficulté
avoit été de reprendre le bout de la
corde qu'il avoit laissée en dehors
au pied de l'appartement. Il avoit
fallu que Sambas fût descendu, &
qu'il eût remonté plusieurs fois pour
l'attacher à une autre corde qu'on
avoit lâchée par la fenêtre, ce qui
ne s'étoit pû faire qu'avec des ris-
ques infinis. Enfin la boucle de fer
avoit été d'un grand usage pour assurer la grosse corde autour de la
croisée. Oscine trembloit au souvenir de ce danger, & Amulem
s'applaudissoit de l'ingénieuse invention de son amour.

Nos cinq esclaves seconderent
si bien le zele du pilote & des matelots, que nous passâmes en peu
de tems le détroit de Constantinople. Etant entrez dans la mer noire nous tînmes conseil sur l'endroit où nous devions prendre terre. Comme le vent étoit favorable,

&

& qu'il souffloit vers la Natolie, nous crûmes ne rien risquer en avançant jusqu'à Famastro ; c'étoit nous approcher d'autant vers Amasie : nous ne trouvâmes aucun obstacle à débarquer. Amulem vendit la felouque, & nous fimes le reste du chemin par terre jusqu'à la maison d'Elid - Ibezu.

Ce bon vieillard eut une joie infinie de revoir son fils ; j'eus aussi part à ses caresses. Il admira la beauté d'Oscine, & félicita Amulem sur une si belle acquisition. Nous nous gardâmes bien de lui apprendre à qui elle avoit appartenu, & les peines qu'elle nous avoit coutée Tandis que toute la maison d'Elid-Ibezu étoit dans la joie, je pris un moment pour parler à Amulem de la tristesse de mon cœur qui soupiroit pour Selima. Il m'écouta en souriant, & me donna ce jour là la plus grande marque de confiance & d'amitié, qu'un patron Turc puisse donner à son esclave; ce fut de m'abandonner la clef du Serrail que j'ai déja dit qu'il avoit. Quelle violence ne me fis-je point

D 2

pour

pour attendre l'entrée de la nuit!
Quel fut l'excès de ma joie, lorfque je revis enfin l'objet de tout
mon amour, & le ccutre de ma
felicité ; lorfque je la vis , que je
me jettai à fes genoux, qu'elle me
permit de l'embraffer , & qu'elle
me combla elle-même de mille tendres careffes ! Des larmes d'amour
couloient de fes yeux : Ah ! Salem , me dit-elle , votre abfence
m'a rendue trop malheureufe , ne
m'abandonnez plus , je ne faurois
vivre fans vous.

Chere Selima , lui répondis-je,
vous avez dû juger de mes peines
par les vôtres ; deux mois paffez
fans vous voir , m'ont paru deux
années d'un cruel martire. Dans
quels lieux n'ai-je point porté votre image! Cette chere idée m'a occupé tout entier ; mes yeux & mes
foupirs fe tournoient fans ceffe vers
Amafie ; mon cœur s'y portoit
comme à fa felicité : je la trouve
aujourd'hui à vos pieds : puiffe-je
ne les quitter jamais !

Helas ! continuai-je , mon bonheur ne fera-t-il jamais affuré ! faut-
il

il toujours vivre dans une languiſ-
ſante incertitude ? Chere Selima !
quand ſerons-nous unis par des
liens qui ne puiſſent être rompus
que par la mort ! quand n'aurons-
nous plus rien à deſirer ! Je ſouhai-
te cet heureux moment, repliqua-t-
elle, avec autant d'ardeur que vous.
Il n'auroit pas tardé ſi longtems,
ſi mes vœux avoient pû le hâter.
J'eſpere tout, repris-je, de la bonté d'Amulem. Je lui parlerai de
notre bonheur, ſi vous y conſen-
tez : il m'a promis d'y contribuer
de tout ſon pouvoir, & je crois
que dans l'état où eſt Elid-Ibezu,
la choſe dépend maintenant de lui.
Je n'eus pas de peine à tirer un con-
ſentiment de Selima.

Je propoſai naturellement notre
mariage à Amulem ; voici la réponſe qu'il me fit.

Quand tu me propoſes d'épouſer
ma ſœur, c'eſt me dire que tu es
réſolu de me quitter ; car ton attachement à la Religion des Chrétiens ne me permet pas d'eſperer
que tu embraſſes la notre ; & d'un
autre côté tu ne ſaurois te promet-

                           tre

tre d'obtenir ma sœur en Turquie, puisque tu connois la rigueur de nos Loix. Nous nous exposerions tous à une perte certaine : Cependant je veux te rendre heureux ; je te l'ai promis : je tiendrai ma parole. Mais laisse moi le soin de ton bonheur : ne saurois tu prendre patience jusqu'à la mort de mon pere qui s'approche tous les jours ? Tu n'ignores pas son âge ni ses maladies. Je te promets encore non seulement de te donner Selima ; mais quelque chagrin que je puisse sentir en te perdant, de te renvoier en France avec elle, comblé de mes bienfaits & des marques de mon amitié. Elle n'aura pas de peine à te suivre, car je sais l'affection quelle te porte, & l'on m'a dit au Serrail qu'on s'est apperçû que tu l'as rendue Chrétienne. C'est ce qui m'importe peu, pourvû que je vous rende tous deux contens.

Je remerciai mille fois Amulem, & je fis à Selima le recit de cet entretien, qui la mit au comble de la joie. Lorsque je lui demandai si
elle

elle n'auroit pas de répugnance à
m'accompagner en Europe, elle
m'affura que lui étant plus cher
que fon pays & que fa famille même, elle feroit heureufe par tout
où elle pourroit vivre avec moi.
Nous n'eumes pas befoin d'une
longue patience. Elid-Ibezu mourut environ cinq femaines après.
La perte d'un patron qui m'avoit
tant aimé, me toucha fenfiblement ;
mais j'étois fi rempli de mon amour,
que j'en fus moins affligé que je
ne l'aurois été dans d'autres circonftances. Amulem fe trouvoit
par cette mort & par celle de fon
oncle, un des plus riches particu-
liers de l'Afie. Il me fit appeller
lorfqu'il fut revenu de fa premiere
triftefle, & m'accorda Selima avec
tant de témoignages d'une cordiale
amitié, que j'en fus émû jufqu'aux
larmes. J'aurois fouhaité dans ce
moment pouvoir pafler toute ma
vie à Amafie, & que les loix de
notre Religion ne m'euffent pas
contraint de quitter un fi bon maître. Il me donna la liberté d'aller
au Serrail, pour apprendre cette

D 4

heu-

heureuſe nouvelle à Selima ; & de
la voir à toutes les heures du jour
juſqu'à notre départ. Elle tomba
preſque évanouïe dans un tranſport
de joie & d'amour. Je lui donnai
ma foi , & reçus la ſienne ; nous
commençâmes à recueillir les fruits
de notre tendreſſe & de nos longs
tourmens. Un homme ſeroit trop
heureux , ſi la moindre partie de
cette délicieuſe tranquillité pouvoit
durer toujours. Nous ne fumes
plus occupez que des préparatifs
de notre voiage. Amulem m'offrit
le choix de ce qui m'étoit le plus
agréable dans ſa maiſon. Je me
contentai de lui demander la liberté de l'eſclave Religieux ; & celle
d'une femme du Serrail , nommée
Agade , que Selima aimoit beaucoup. Il y ajoûta deux eſclaves
pour nous ſervir ſur la route. Il
prit la peine de nous tracer lui-même le chemin que nous devions
prendre pour gagner Satalie , qui
eſt une ville conſiderable ſur le
bord de la Mediterranée , où nous
ne manquerions pas de rencontrer
quelque vaiſſeau prêt à faire voile

en

en Europe. La veille de notre départ, il me compta vingt-cinq mille sequins, qui font environ deux
cens mille livres de notre monnoie,
& il donna à Selima à peu près la
même valeur en diamans & autres
bijoux. Nous partîmes ainsi, chargez de ses liberalitez, & le cœur
plein d'une immortelle reconnoissance. Nous traversâmes la Cara-
manie en dix jours, sans que Selima me parût fatiguée d'une si longue route. Nous étions tous deux
dans une même voiture, libres enfin, & possesseurs tranquiles l'un
de l'autre. Nous n'aurions pas
changé notre condition pour l'Empire de l'Univers. Que de soûpirs,
que de tendres embrassemens! Quoi!
disoit à tous momens ma chere
épouse, nous nous verrons donc
sans cesse ! nous ne nous séparе-
rons jamais ! nous nous aimerons
toujours ! Oui, répondis-je, en
serrant ses belles mains, Salem est
pour toujours à son aimable Selima, il ne pense plus qu'à vivre &
à mourir auprès d'elle.

Je me fis passer en arrivant à Sa-
D 5
talie,

talie, pour un Marchand Armenien qui s'en alloit en Italie pour
son commerce. Nous fumes obli-
gez de demeurer un mois dans cette ville, en attendant un vaisseau
marchand de Cadis, qui devoit y
retourner avant l'hiver. Je n'étois
pas fâché de débarquer en Espagne,
pour y voir une partie de ma famille qui y avoit de grands établisse-
mens. Je fis marché avec le Capitaine pour mon épouse & moi, &
les quatre personnes dont notre suite étoit composée. Nous nous mîmes en mer avec l'esperance d'une
heureuse navigation ; mais à peine
fumes nous sortis du Golfe de Satalie, qu'un vent de terre des plus
violens nous jetta sur la côte de
Rhodes, qui n'est éloignée de la
Natolie que de sept ou huit lieues.
Le tems aiant changé, nous pour-
suivimes notre route jusqu'à la hauteur de Candie, où je sollicitai fort
le Capitaine de s'arrêter pour y
passer l'hiver. Il m'assura d'un ton
si ferme, que nous n'avions rien à
apprehender, & qu'il esperoit arriver
à Cadis avant que la mer fût dange-
reu-

reufe, que je me tranquillifai fur
fa promeffe. Cependant nous eumes tant à fouffrir pendant les jours
fuivans , & notre vaiffeau fut tant
de fois en danger de périr que nous
réfolumes d'un commun accord de
relâcher dans quelque port d'Italie.
Nous fuivimes le vent qui nous
conduifit vers Livourne, & nous
y abordâmes enfin avec mille peines.

Fin du quatriéme Livre.

 ME-

MEMOIRES

DU

MARQUIS DE ***

LIVRE CINQUIEME.

JE promis au Ciel de ne plus exposer si legerement ce que j'avois de plus cher, à la perfidie des flots. Nous prîmes un logement à Livourne dans le dessein d'y passer l'hyver. Mais cette ville qui n'est peuplée que de marchands, ne m'aiant pas paru propre à donner à Selima une assez favorable idée de l'Europe, je formai la résolution d'aller à Florence. Nous y trouvâmes de quoi nous satisfaire

par

par la beauté des édifices, la nette-
té des rues, & la multitude des perfonnes de qualité qui habitent cette
grande ville. Comme j'avois deffein d'éviter tout ce qui auroit pu
rappeller à Selima le fouvenir de fa
patrie, je cherchai l'occafion de lui
procurer quelques connoiffances qui
puffent la divertir. Nous nous é-
tions fait faire à Livourne des habits à la Françoife : elle avoit dans
cet état un air fi noble & fi brillant,
que j'aurois eu beaucoup plus de
peine à la cacher, que je n'en eus à
la faire connoître. Je rendis vifite
à quelques Dames de condition,
qui demeuroient dans le voifinage
de la maifon que j'avois louée ; &
leur aiant fait mon compliment fur
l'honneur que j'avois de loger pour
quelque tems fi près d'elles, je les
priai de trouver bon que mon époufe eût l'avantage de les voir quelquefois. On eft poli à Florence, fur
tout à l'égard des étrangers. Ces
Dames qui avoient entendu parler
de la beauté de Selima dès le moment de notre arrivée, me preffe-
rent de leur accorder promptement

D 7

cet-

cette satisfaction. Elle n'eut pas plûtôt paru dans quelques aſſemblées,
que ſa réputation ſe repandit par
toute la ville.   Elle ſavoit aſſez
d'Italien pour ſe faire entendre ; &
la grace avec laquelle elle s'exprimoit, reparoit ce qu'il y avoit de
peu exaƈt dans ſes expreſſions.   Je
ne fis point myſtere de nos avantures.   Cette connoiſſance nous attira
encore plus de conſideration ; de
ſorte que le Grand - Duc aiant
été informé du mérite de Selima & de l'heureuſe fin de mes infortunes, me fit marquer quelque
curioſité de nous voir. Nous fumes préſentez par le Chevalier
de . . . . avec lequel j'avois lié a-
mitié.   J'avois repris le nom de
Marquis de . . . . & Selima par
conſéquent portoit le même titre.
Nous fumes reçûs du Grand-
Duc avec une bonté extrême,
& des civilitez infinies. Il répe-
ta pluſieurs fois que la Marqui-
ſe étoit la plus charmante perſonne qu'il eut jamais vûë ; & ſes
yeux ne s'écarterent pas un moment

ment de deſſus elle. Il lui dit qu'il
vouloit contribuer à la réjouir, &
qu'il falloit qu'elle fût d'un bal que
le Prince Gaſton Jean devoit donner aux premieres Dames de Florence. Nous nous retirâmes fort ſa-
tisfaits. Le Chevalier vint ſouper
chez moi, où nous trouvames bonne compagnie. Lorſque nous eumes fini, il me témoigna qu'il avoit
à me dire quelque choſe en particulier : je paſlai dans la ſalle voiſine
pour l'entretenir. Si vous étiez
moins mon ami, me dit-il, je me
garderois bien de vous dire ce que
vous allez entendre. Connoiſſez-
vous bien le Grand-Duc ? C'eſt
un homme bien vif ſur l'àrticle des
femmes. Vous ne ſauriez croire tout ce qui lui eſt arrivé dans
les differens âges de ſa vie, &
à quels périls il ne craint pas de
s'expoſer pour ſatisfaire ſa paſſion.
Je pourrois vous en apprendre mille exemples. J'ai remarqué que
votre épouſe l'a touché, & tout le
monde s'en eſt apperçu comme moi :
prenez y garde. Elle eſt ſage ſans
doute,

doute, & ce n'est pas de sa part que vous devez craindre ; mais défiez-vous du Grand-Duc, & songez que l'avis que je vous donne vient d'un fidele ami.

Je témoignai de la reconnoissance au Chevalier. Cependant quelque opinion que j'eusse de sa sagesse, j'attribuai ses conseils au génie Italien qui est porté naturellement à la jalousie, & je crus qu'il y auroit de la foiblesse à vouloir prévenir une chose qui me paroissoit sans apparence. Je n'en parlai pas même à Selima, & je passai la nuit avec ma tranquillité ordinaire. Le lendemain un Gentilhomme se fit annoncer de la part du Grand-Duc; il étoit accompagné de quatre laquais, chargez chacun d'un bassin de fruits & d'autres rafraichissemens qu'ils apportoient à Madame la Marquise. Le compliment du Gentilhomme fut fort honnête. Nous reçûmes le présent avec le respect que nous devions à la main qui l'envoioit, & nous ne manquâmes point d'aller faire le même jour nos remercimens. J'estime beaucoup le mé-

mérite, nous dit le Grand-Duc, vous recevrez de moi dans toutes les occasions des marques d'une consideration particuliere ; il nous proposa de jouer. Selima s'en excusa sur ce qu'elle ignoroit les jeux de l'Europe. N'importe, réprit-il; je vous montrerai le jeu. Il prit mon épouse par la main, & s'assit avec elle auprès d'un table, où il se fit apporter des cartes. Quelques Gentilshommes m'attirerent à l'autre bout de la salle, & m'engagerent à lier une partie. Nous passâmes la soirée jusqu'au souper du Grand-Duc. Lorsque nous nous fumes retirez, & que je me trouvai seul avec Selima, elle me dit en riant : Savez-vous bien, mon cher Salem, que le Grand-Duc m'a parlé d'amour ? Il brûle de la plus violente passion, & ce seroit une cruauté infinie que de le voir souffrir sans pitié. Il veut me rendre la plus heureuse personne du monde, pour peu que j'aie de compassion pour ses peines. Enfin il m'a dit mille belles choses de cette nature là. Voús ne répondez rien, continua-t-elle plus sérieuse-

ment

ment : je vous demande ce que nous faifons à Florence , & pourquoi nous nous expofons à ces fortes de mauvais complimens ? Je lui répondis qu'elle favoit ce que nous y avoit amené ; que c'étoit pour la divertir , en attendant que la faifon de paffer en France fût arrivée. Je tournai en raillerie les difcours amoureux du Grand-Duc, & je l'affurai que c'étoit le caractere des Européens de prendre le ton galant avec toutes les belles Dames.

Je ne laiffois pas d'être afligé intérieurement de ce que Selima m'avoit dit , & le fouvenir des confeils du Chevalier de . . . . me faifoit apprehender quelque fcene défagréable. Tandis que j'étois dans cette penfée , un laquais François que j'avois pris à mon fervice , me vint dire que Monfieur le Cardinal de Janfon étoit arrivé à Florence,& qu'il devoit aller voir le Comte de Rofambert qui étoit Religieux dans l'Abbaye de Buon-Solazzo. A ce cher nom du Comte de Rofambert, je demeurai tout interdit, & je me fis répeter deux ou trois fois la même chofe par mon laquais. Quoi? m'ém'écriai-je, le Comte de Rosambert est en Italie ! ce cher Comte, avec qui je suis uni par les liens d'une amitié si tendre ! Je veux savoir ce qu'il y fait, & l'aller voir sans differer. Mais on me dit qu'il est Religieux. Peut-être m'aura-t-il oublié avec le monde qu'il a quitté. N'importe, il faut l'aller embrasser mille fois, & lui rappeller les momens heureux que nous avons passez ensemble. Selima surprise de ce transport, voulut savoir ce qui pouvoit me causer tant de joie. Je lui appris ce que c'étoit que le Comte de Rosambert, & les raisons que j'avois de l'aimer. J'envoiai aussitôt mon laquais dans la ville, pour s'informer où Monsieur le Cardinal de Janson étoit descendu: Il me rapporta qu'il étoit dans une auberge voisine de mon quartier, où il gardoit l'*incognito*, n'aiant pas voulu se faire connoître, pour éviter l'embarras des visites. Je crus que la mienne ne lui seroit pas désagreable. Il me reçut effectivement avec la civilité qui lui étoit ordinaire, quoique je ne me fusse fait connoître d'abord qu'en qualité de

Gen-

Gentilhomme François. Mais lorfque je lui eus expliqué le motif de
ma vifite, & l'étroite liaifon qui a-
voit été entre le Comte & moi, le bon
Cardinal m'embraſſa avec tendreſſe,
& nous commençames un entretien
plein de confiance. L'auriez-vous
cru, me dit-il, que ce pauvre Comte eût terminé fa malheureufe vie
par une fin fi extraordinaire ? Que
n'ai je point fait pour lui ôter cette
penfée de l'efprit, ou du moins
pour le porter à faire choix d'une
Religion plus modérée ? Rien n'a
pu le détourner de fon deſſein, &
j'ai été forcé d'y confentir, en ad-
mirant les difpofitions de l'adorable
Providence. Je viens le voir pour
m'édifier, car on dit qu'il mene
une vie angelique. Je répondis au
Cardinal que perfonne n'étoit plus
furpris & plus touché que moi du
changement du Comte ; qu'aiant
paſſé une partie de ma vie hors du
Roiaume, je l'avois perdu de vûe
depuis longtems, & que j'ignorois
même encore quel étoit cet état auf-
tere qu'il avoit embraſſé. Vous igno-
rez donc, reprit Monfieur le Cardinal

ce qui eſt connu de tout le genre humain. Venez avec moi à l'Abbaye de Buon-Solazzo, vous apprendrez du Frere Arſene (car c'eſt le nom que porte maintenant le Comte de Roſambert), vous apprendrez, dis-je, de lui même de quels moiens Dieu s'eſt ſervi pour l'attirer à lui. Mais, continua-t-il, dans quel pays étiez-vous donc, où vous n'avez point entendu parler d'une converſion ſi éclatante?

Je ſatisfis la curioſité de Monſieur le Cardinal en lui faiſant un récit abregé de mes avantures, depuis que je m'étois ſeparé du Comte de Roſambert. Je lui racontai les dangers que j'avois eſſuiez en Angleterre & en Allemagne, le long eſclavage où je m'étois vû réduit, & la maniere dont j'avois été delivré. Je n'oubliai point mes amours avec Selima, & le bonheur que j'avois de la poſſeder tranquilement. Je m'apperçus qu'il écoutoit avec plus d'attention l'hiſtoire de mes amours. Comme je m'étois ſervi du mot de mariage, ſans parler de Prêtre ni de Sacrement, Monſieur le Cardinal

me

me dit après m'avoir laiſſé finir :
Mais cette belle & chere Selima eſt
elle Chrétienne ? a-t-elle reçû le
Baptême ? Non , repartis-je , j'attens pour cette cérémonie & pour
celle de notre mariage ſolemnel,
que nous ſoions arrivez en France,
où tout ſe fera plus tranquilement.
Je ne ſaurois vous approuver , reprit-il , ce retardement vous rend
coupable. Vous deviez commencer,
en mettant le pied dans un Etat
Chrétien , par ouvrir l'entrée de
l'Egliſe à celle que vous appellez
votre épouſe. Je m'excuſai le mieux
que je pus ſur les circonſtances ; &
comme il étoit fort tard , je le quittai , après lui avoir promis que j'aurois l'honneur de l'accompagner à
l'Abbaye de Buon - Solazzo.

Je retournai chez lui le lendemain
à l'heure qu'il m'avoit marqué pour
ſon départ. Je n'avois avec moi
qu'un laquais , & le Religieux que
j'avois delivré de l'eſclavage. Il demeuroit dans ma maiſon ſous un
habit ſeculier , & m'aiant entendu
parler du voiage de l'Abbaye, il m'a-
voit prié de ſouffrir qu'il me tînt

com-

compagnie. Nous y arrivâmes de bonne heure. Monſieur le Cardinal voulut être reçû ſans cérémonie ; & la premiere choſe qu'il demanda au Pere Abbé, fut de voir le Frere Arſene. Il parut un moment après. Mes yeux eurent peine à le reconnoître, tant il étoit défiguré par la pénitence. Son viſage modeſte & content marquoit la tranquilité de ſon ame. Il ſalua Monſieur le Cardinal en ſe proſternant à ſes genoux. Lorſqu'il ſe fut relevé, & qu'il l'eut entretenu un moment, il ſe tourna vers moi. Je ne pus reſiſter à l'envie de l'embraſſer, en le ſerrant de toute ma force. Il me reconnut, malgré le changement que les années avoient pu faire ſur mon viſage, & je vis quelques larmes couler le long de ſes joues. Le reſpect que je devois à Monſieur le Cardinal ne m'empêcha point de m'écrier, Cher Comte ! eſt-ce vous que je revois ? Ah ! mon cher & vertueux ami ; ſi vous avez cru ce terrible état néceſſaire à votre ſalut que faut-il que je devienne ? Il me fit une réponſe modeſte & obligeante. Monſieur le

Car-

Cardinal nous fit aſſeoir , & la converſation devint generale. Après
nous être informez de tout ce qui
regardoit ſa ſanté , & la ſatisfaction
qu'il trouvoit dans ſon état , nous
le priâmes de nous raconter ce qui
l'avoit déterminé à quitter le monde. Il commença ſon récit à la
guerre d'Italie , où Dieu lui avoit
fait ſentir les premiers raions de ſa
Grace. S'étant trouvé en 1693 à
la bataille de Marſaille , il y avoit
été bleſſé ſi dangereuſement , qu'il
étoit demeuré ſans connoiſſance entre les morts. Il fut dépouillé
comme les autres , & peut - être auroit-il été enterré , ſi quelques-uns
de ſes ſoldats l'aiant reconnu &
conſideré attentivement , ne lui
euſſent trouvé quelque ſigne de vie.
Comme ſon Hiſtoire eſt imprimée
ſous le titre de *la Vie du Comte de
Roſambert* , je ne chargerai point ces
Mémoires d'un détail inutile. J'a-
joûterai ſeulement que ſe ſentant
mortellement bleſſé & prêt à defail-
lir , il fit vœu de ſe retirer à la
Trappe , ſi le Ciel lui rendoit la
vie. Il oublia cette promeſſe après ſa
gue-

guérison. Mais aiant été atteint
quelques années après d'une maladie très violente, il forma de nouveaux defirs de converfion, & renouvella fon vœu fi efficacement,
qu'il ne penfa plus qu'à l'executer
lorfqu'il fut rétabli. Il fe fit Religieux à la Trappe en 1700. malgré les
oppofitions de fa famille. Il véçut dans
fon Couvent avec une piété qui le faifoit admirer, jufqu'à ce que l'Abbé
de la Trappe envoiant quelques-uns
de fes Solitaires pour peupler l'Abbaye de Buon Solazzo, Frere Arfene
fut de ce nombre. Il y conferva le
même amour pour la retraite, & la
même ardeur pour les faintes rigueurs de la pénitence.

Ce récit fut écouté avidement
de tous les fpectateurs. On ne fe
laffoit point d'admirer cette grande
ame, qui foutenoit fi généreufement
un tel facrifice. Nous paffâmes la
nuit dans l'Abbaye. Le foir, étant
retiré dans la chambre où je devois
coucher, je vis entrer le Religieux
qui m'avoit accompagné, & je fus
furpris qu'il fe jetta à mes pieds.
Que ne vous dois-je pas, Monfieur,

me dit-il , & par quelle reconnoiſſance puis-je aſſez m'acquitter de
tant d'obligations ? Vous m'avez
delivré en Turquie d'un rigoureux
eſclavage que je meritois par mes
deſordres , & vous me procurez
aujourd'hui le moien de les expier
en m'amenant dans cette ſainte Abbaye. C'en eſt fait, je ſuis un autre
homme, l'exemple du Frere Arſene
m'a touché juſqu'au fond du cœur.
Si le Ciel favoriſe mes deſſeins, je
ſuis réſolu de ſuivre le parti qu'il a
pris , & de mourir ici en l'imitant.
Je vous conjure , Monſieur , de
vous emploier auprès du Pere Abbé
pour me faire accorder cette grace , que j'eſtime plus que toutes les
richeſſes du monde. Je louai fort
ſon deſſein , & je lui promis d'en
parler à Monſieur le Cardinal qui
auroit la bonté à ma priere de le
préſenter au Pere Abbé. Ma recommandation eut le ſuccès que
j'eſpérois. Nous quittâmes ces ſaints
Solitaires , après les avoir priez de
ſe ſouvenir devant Dieu de nos foi-
bleſſes & de nos miſeres. Je demandai en particulier cette grace au
Fre-

Frere Arſene au nom de la tendre amitié qu'il m'avoit portée.

Je retournois tranquilement vers Florence, en m'entretenant avec deux Officiers de M. le Cardinal qui venoit lui même à peu de diſtance dans une petite chaiſe où il étoit ſeul, lorſque j'apperçûs un carroſſe à ſix chevaux, qui s'avançoit rapidement vers nous. Nous ne tardâmes point à le joindre. Les glaces & les rideaux étoient fermez, de ſorte que nous paſſâmes ſans remarquer qui ce pouvoit être. Quoique cet événement n'eut rien d'extraordinaire, il eſt ſûr néanmoins qu'il me cauſa quelque altération. Je devins rêveur, & je tournai plus d'une fois la tête pour conſidérer ce carroſſe. Nous ne laiſſâmes pas de continuer notre route. Aiant marché l'eſpace d'un quart-d'heure, nous rencontrâmes des Muletiers qui venoient du côté de Florence. Je leur demandai s'ils connoiſſoient l'équipage qui avoit paſſé. Non, me dirent-ils ; mais comme nous ſortions de la ville, nous avons vû deux Dames qui ſe promenoient dans les allées

d'ar-

d'arbres qui font hors de la porte,
& le même caroſſe que vous venez
de voir paſſer, aiant paru tout d'un
coup, deux Meſſieurs en font fortis, qui ont pris les Dames par la
main, & qui les y ont fait entrer
avec eux. Il y en a une qui ne s'eſt
pas fait trop preſſer, mais l'autre a
réſiſté longtems. Il nous a ſemblé
même qu'elle pleuroit, & qu'elle
nous faiſoit ſigne d'aller à ſon ſecours, car nous étions aſſez loin;
mais nous n'avons pas voulu nous
mêler des affaires d'autrui, de peur
de nous en attirer à nous mêmes.

Ce récit me jetta dans quelque
inquiétude. Quoique nous ne ſoions
plus au tems des Chevaliers errans
qui alloient redreſſer les torts, &
défendre l'honneur des Dames, je
crus que la généroſité & la compaſſion naturelle demandoient que
je priſſe part à cette avanture. J'é-
tois bien éloigné de penſer que j'y
euſſe quelqu'autre interêt. Dans le
moment que je balançois ſur le parti que je devois prendre, je vis un
Cavalier courant à toute bride qui
nous joignit en un inſtant. C'étoit

le

le laquais François que j'avois pris à Florence. Qu'y a-t-il, Comtois ? lui dis-je avec quelque crainte & quelque défiance. Il me répondit qu'il alloit à l'Abbaye, croiant m'y trouver encore, pour m'apprendre une fâcheuse nouvelle, que Madame la Marquise (Selima n'étoit pas connue à Florence sous un autre nom) étoit sortie dans le carrosse de Madame de . . . & avec elle, pour aller à la promenade ; qu'il avoit eu l'honneur de les suivre ; mais que les deux Dames aiant quitté l'équipage, & s'étant éloignées pour se promener plus librement, elles n'avoient pas reparu depuis ; qu'il s'étoit donné inutilement mille soins pour retrouver sa maîtresse, & que n'en aiant pas même appris la moindre nouvelle, il avoit cru devoir partir promptement pour m'en donner avis.

Mon malheur étoit trop certain après cet éclaircissement. Tout mon sang bouillit dans mes veines, & je tremblai de fureur. Je dis en deux mots à mes compagnons : Vous êtes trop honnêtes gens,

Mes-

Meſſieurs , pour m'abandonner.
C'eſt mon épouſe qu'on m'enleve ;
de grace , ſecondez moi un moment.
Nous partimes avec toute la vîteſ-
ſe imaginable , & nous courumes
plus d'une heure ſans donner le
moindre relâche à nos chevaux.
Enfin nous apperçûmes le carroſſe.
Apparemment que les trois laquais
qui étoient derriere , ſans livrée ;
avertirent leur maître , qu'ils voioient
accourir cinq ou ſix hommes à bride abbatue ; je le jugeai ainſi , parce que le carroſſe qui ne pouvoit plus
nous échaper , s'arrêta tout d'un
coup juſqu'à notre arrivée. J'ou-
vris bruſquement la portiere. Selima jetta un cri en me reconnoiſ-
ſant ; & ſon premier mouvement
fut de ſe lever , & de ſe jetter entre
mes bras. Je la mis à terre en lui
diſant avec tranſport : Je vous revois donc , ma chere Selima ! Et
qui ſont les perfides qui ont oſé
me jouer un tour ſi lâche ? Une
voix répondit du carroſſe : Point
tant de bruit , s'il vous plaît ; qu'en-
tendez vous par ce diſcours ? En
même tems je vis paroître le Prince

ce Gaston-Jean qui montra la tête à la portiere. Mon étonnement fut tel qu'on peut se l'imaginer. Eh! mon Prince, lui dis-je, qui auroit osé vous soupçonner d'une si mauvaise entreprise ? Il me répondit en affectant de prendre un air riant, que pour un François j'entendois bien mal la galanterie : appréhendiez vous, continua-t-il, que je n'ôtasse la vie à votre épouse ? Non, mon Prince, non, repliquai-je ; mais les François savent distinguer la galanterie d'avec la violence. Vous perdez le respect, reprit-il avec feu ; & s'adressant à Selima: Parlez, Madame, ajoûta-t-il ; de quelle violence vous plaignez vous ? Selima étoit en colere ; elle lui répondit nettement, que c'étoit une lâcheté indigne d'un Prince, d'enlever une Dame malgré ses pleurs & sa résistance. La réponse est un peu Turque, dit le Prince en souriant, & il donna ordre au cocher de piquer les chevaux.

J'avoue que tout ce procedé me causa une indignation, que j'eus beaucoup de peine à retenir. Mais

en-

enfin je me fis violence, trop heureux de retrouver ma chere Selima.
Je fus obligé de la mettre en crou-
pe par derriere moi, & nous reprî-
mes ainsi doucement le chemin de
Florence. Elle me raconta en marchant, qu'à peine avois-je été parti
pour l'Abbaye, que le Grand-Duc
avoit envoié chez moi un de ses
Gentilshommes, pour la prier d'aller se desennuier dans son Palais;
qu'elle s'en étoit défendue sous prétexte d'une legere incommodité:
Que l'après midi il étoit venu un
autre messager qui l'avoit pressée extraordinairement de se trouver le soir
au bal chez le Prince de Gaston-Jean
où le Grand-Duc devoit assister, &
qu'elle avoit refusé de même: Que
la nuit étant fort avancée, une troupe
de masques, parmi lesquels le Grand
Duc étoit lui-même, avoir voulu
s'introduire dans notre maison, &
qu'elle avoit eu beaucoup de peine
à faire obtenir d'eux qu'on la lais-
fât tranquille: Enfin, que Madame
de... qui faisoit profession d'être notre amie, l'étoit venue prendre à neuf
heures dans son carrosse pour aller à
la

la Meſſe , & faire enſuite un tour de promenade ; que cette Dame l'avoit engagée à deſcendre dans la campagne pour reſpirer l'air ; mais qu'il ne falloit pas douter que ce ne fût pour la trahir , puiſqu'elle n'avoit marqué ni crainte ni étonnement , lorſque le Prince de Gaſton-Jean avoit paru.

Je me ſouvins alors des avertiſſemens du Chevalier. Il m'avoit fait le caractere du Grand-Duc d'une maniere à m'allarmer , ſi j'euſſe été plus défiant ; il m'avoit même prévenu contre les pratiques d'un certain nombre de Dames intriguantes , qui faiſoient leur cour à ce Prince , en le ſervant dans ſes amours. Mais n'étant point naturellement jaloux , j'avois pris les choſes du bon côté ; & je ne me ſerois jamais imaginé qu'un homme de l'âge du Grand-Duc eut été capable de tant de foibleſſe , ni le Prince Gaſton-Jean d'humeur à rendre de tels ſervices à ſon Frere.

En faiſant refléxion ſur cette bizarre avanture , nous conclûmes qu'il falloit abſolument quitter Florence. La ſaiſon n'étoit pas encore aſſez avancée , pour ſonger à paſſer

E 5

en

en France. D'ailleurs Selima commençoit à fentir les incommoditez de fa groffeffe. Je confultai Monfieur le Cardinal de Janfon qui me confcilla d'aller paffer le refte de l'hiver à Rome. Notre réfolution fut prife en un inftant. Je fis faire une litiere pour Selima , & nous nous mîmes en chemin quatre jours après , fans prendre congé de perfonne , excepté du Chevalier de .... Notre route fut heureufe. Nous arrivâmes à Rome, & nous y trouvâmes M. le Cardinal de Janfon, que j'eus l'honneur de faluer à mon arrivée. Il prit foin lui-même de me procurer une maifon fur la Place Navonne, qui eft un des plus beaux quartiers de cette grande ville. Lorfque nous fumes logez, je ne manquai point d'aller avec Selima le remercier de fon attention. Il me félicita honnêtement fur le bonheur que j'avois d'être aimé d'une fi belle perfonne, & il nous retint à dîner. Après le repas, la compagnie m'engagea à faire le recit de nos avantures, qu'elle écouta avec plaifir & avec furprife ; & M. le Cardinal en prit occafion

fion de me faire des reproches d'a-
voir différé fi longtems à faire bap-
tifer mon époufe, & les trois domeftiques que j'avois amenez d'A-
mafie. Je le remerciai de fon attention, & nous convînmes qu'il auroit la bonté d'envoier chez moi
tous les jours un de fes Aumôniers
pour les inftruire. Ce n'eft pas que
Selima eût befoin d'inftruction,
mais la bienféance exigeoit cette
préparation avant le Baptême. Le
Cardinal étoit d'abord dans le deffein de faire cette cérémonie de fa
propre main, & de la rendre la plus
éclatante qu'il lui feroit poffible ;
mais j'y marquai de la répugnance, & Selima peu d'inclination. Il
fut réfolu que tout fe pafferoit fans
bruit dans l'Eglife d'un petit Couvent de Benedictines, qui n'étoit
pas éloigné. Ce grand jour arriva
enfin ; j'eus la fatisfaction d'embraffer ma chere Selima en qualité
de Chrétienne, & de recevoir enfuite le Sacrement du Mariage, qui
fanctifia nos liens, mais qui ne les
rendit pas plus tendres ni plus in-
diffolubles.

E 6   Quel-

Quelque foin que nous euſſions pris pour tenir la cérémonie ſecrete , nous ne pûmes empêcher quantité de perſonnes de diſtinction d'y aſſiſter. J'entendis de tous côtez crier dans l'Egliſe , La bella Chriſtiana : la bella Chriſtiana ! Ces applaudiſſemens me pénétroient l'ame de joie & de ſatisfaction. Etant retournez chez nous , je pris Selima en particulier : Chere épouſe , lui dis-je en l'embraſſant tendrement , votre Salem eſt à Rome ce qu'il étoit à Amaſie. Son amour n'eſt pas plus capable d'accroiſſement que de diminution. Son cœur étoit fait pour recevoir l'impreſſion de tous vos charmes ; il ſouffriroit plutôt mille morts , que la perte du moindre de ſes ſentimens. Le vôtre conſerve-t-il encore tous les ſiens ? Dites , chere Selima , ſuis je toujours ce Salem ſi tendrement aimé à A-maſie , ſi néceſſaire à votre bon-heur , & dont la préſence vous cauſoit tant de joie , & la plus courte abſence de ſi vives douleurs ? Le Sacrement a renouvellé aujour-d'hui nos liens ; ſentez-vous qu'ils euſ-

euſſent beſoin de ce renouvellement
pour durer toujours ? Selima fut
quelque tems à me repondre, comme
ſi ſa langue eût refuſé à ſon cœur les
termes qu'il cherchoit pour s'exprimer. Mais ſes yeux m'en diſoient aſſez, à moi qui étois ſi accoûtumé à
leur tendre langage. Que toutes ces
queſtions ſont cruelles, me dit-elle à
la fin, & qu'il y a d'injuſtice à exiger
l'aſſurance d'une choſe dont vous
doutez ſi peu ! Ingrat ! Qui ſait mieux
que vous même l'étendue du pouvoir que vous avez ſur moi ? Vous
me demandez ſi mon cœur eſt encore à vous. C'eſt de vous même que
je le veux ſavoir. Ce cœur a-t-il eu
quelques déſirs, a-t-il formé quelques ſentimens que vous n'aiez pas
fait naître ? Rapellez tous les momens
de ma vie, depuis que je me ſuis donnée à vous : à quoi les ai-je emploiez
qu'à me réjouir de vos plaiſirs, &
m'affliger de vos peines ? Ai-je pu
vous aimer à Amaſie plus que je ne
fais à Rome ? moi qui ne vois que
vous dans tout ce qui m'environne,
moi qui ne reſpire & qui ne vis qu'où
vous êtes ! Je ſuis enyvrée de mon

E 7   amour

amour jusqu'au point de n'avoir pas encore accordé un moment au souvenir de ma mere, de mon frere Amulem, & de mes deux sœurs. La voilà cette tendresse que vous soupçonnez d'être affoiblie, & dont vous appréhendez pour la durée. Que dois-je penser d'un soupçon si nouveau ? N'est-ce pas que vous commencez à vous fatiguer de votre bonheur , & que vous cherchez quelque prétexte à un changement qui vous cause des remords ? Cruel ! Ôtez-moi la vie , si vous songez à m'ôter votre amour.

J'avois écouté Selima avec une satisfaction merveilleuse, tant qu'elle n'avoit fait que m'assurer de sa passion, parce que j'étois charmé de la maniere dont elle l'exprimoit ; mais je me hâtai de l'interrompre, lorsque je vis qu'elle commençoit serieusement à s'affliger. Ses moindres pleurs m'auroient coûté des larmes de sang. Je l'appaisai en la faisant souvenir de ce qu'elle m'avoit dit cent fois elle-même de la nature de notre amour ; que nous étions tellement faits l'un pour l'autre,

qu'il

qu'il nous auroit été impossible d'aimer, si nous ne nous étions pas connus, & que nos cœurs aiant été une fois unis, il n'y avoit plus que la mort qui pût les separer : qu'ainsi les défiances, les craintes, les jalousies, étoient des foiblesses indignes de notre passion ; ou si nous en empruntions quelquefois le langage, que ce n'étoit point dans le sens ordinaire, mais pour donner un nouveau tour aux nouveaux sentimens que l'amour nous inspiroit sans cesse. Cependant sa grossesse s'avançoit ; & la crainte de s'exposer à quelque incommodité, l'obligeoit de demeurer continuellement à la maison. Je sortois presque aussi peu qu'elle. Si je rendois quelques visites à un petit nombre de personnes avec lesquelles j'avois fait connoissance, c'étoit pour m'informer des nouvelles de Rome, & pour divertir ensuite Selima par ce récit. Dans les grandes villes, il se passe peu de jours qui ne fournissent quelque événement propre à amuser les gens oisifs. Rome est plus féconde qu'aucune autre en

ces

ces fortes d'avantures , parce que tous fes habitans ne font occupez que d'intrigues d'amour ou de politique. Il y arriva une chofe pendant mon féjour, à laquelle je puis donner place dans cette hiftoire , fans craindre de caufer d'ennui.

Un des Receveurs généraux des revenus eccléfiaftiques , nommé Murini, s'étoit enrichi fi extraordinairement dans fon emploi, qu'il étoit regardé comme le plus opulent particulier de Rome. Il ufoit bien de fes richeffes. Sa maifon étoit ouverte à tout le monde. Jamais il n'étoit plus content que lorfqu'il voioit groffe compagnie à fa table, qui étoit toujours fervie magnifiquement. Il y recevoit fouvent des perfonnes mêmes de la plus haute condition, qui eftimoient fes manieres genereufes, & qui fe faifoient honneur d'être de fes amis. Murini avoit cinq enfans, quatre garçons & une fille. Il leur avoit fait donner une éducation fi belle, qu'elle fembloit les rendre dignes des grands biens qu'ils devoient poffé-der. Cependant la fortune qui fe

plaît

plaît à précipiter ceux qu'elle a le
plus élevez ; tourna le dos tout d'un
coup à cette heureuse famille. Quelque jaloux fit appercevoir au Pape,
que les immenses richesses de Murini n'avoient pû être acquises légi-
timement. On établit des Commis-
saires pour examiner ses comptes.
Il tâcha inutilement d'en recuser
quelques-uns qui étoient ses ennemis. Il fut trouvé coupable, & son
procès fut instruit avec tant de dili-
gence, qu'en moins de six semaines
il se vit dépouillé de tous ses biens,
& réduit au premier état de sa fortune. Pour comble de malheur,
quelques créanciers qu'il avoit né-
gligé de payer, & qui étoient ab-
sens de Rome pendant le procès,
vinrent fondre sur le peu qui lui
restoit pour vivre ; de sorte qu'il se
trouva en peu de tems dans la derniere misere. Cette foule d'amis
que la prosperité lui avoit faits, l'a-
bandonnerent lâchement. L'infortuné Murini fut contraint de se retirer dans une petite maison d'un
fauxbourg de Rome, pour y mener
une vie triste & obscure avec ses

cinq

cinq enfans. Les quatre garçons, que leur éducation n'avoit pas rendus propres au travail, prirent le parti des armes. Ils avoient tant de tendreſſe pour leur pere, & le cœur ſi bien placé, que s'étant engagez tous quatre au même Capitaine, ils deſtinerent le prix de leur engagement à la nourriture de celui qui leur avoit donné la vie. Cette petite ſomme n'étoit pas capable de ſoûtenir longtems Murini ; & ſon deſeſpoir l'auroit peut-être conduit à quelque choſe de funeſte, ſi le Ciel ne l'eût ſecouru d'une maniere admirable. Sa fille qui ſe nommoit Donna Thecla, étoit aimable & fort bien faite. Elle avoit plû, du tems de la fortune de ſon pere, à un jeune écolier, fils d'un Marchand qui demeuroit dans la même rue. Ce jeune homme n'avoit que quatorze ou quinze ans ; & quelque amoureux qu'il eut été, la condition & le bien de ſa maîtreſſe lui avoient parus ſi ſupérieurs à ſes eſpérances, qu'il n'avoit oſé porter les yeux juſqu'à elle. Il entendit parler du renverſement de Murini,

&

& quelques jours après il sut que
cette famille désolée avoit quitté le
quartier. C'en fut assez pour rani-
mer son amour. Il résolut de ne
rien épargner pour découvrir la
nouvelle demeure de Donna Thecla. Il y réussit après de longues
recherches. Son adresse lui fit trouver quelque prétexte pour s'y introduire. Etant devenu familier avec
sa maîtresse, il parla d'amour : &
comme il étoit d'une fort jolie
figure, il fut écouté favorablement.
Cependant il ne fut pas longtems
à reconnoître que Murini & Donna Thecla souffroient tous les maux
de la pauvreté. A quoi ne portent
pas l'amour & la compassion? Theodoro (tel étoit le nom du jeune
amant) prit d'abord dans la maison
de son pere tout ce qui tomba sous
ses mains, il le vendit avec ses livres de classe ; & l'argent qu'il en
put tirer, il le porta à Murini. Comme cette somme ne pouvoit aller
bien loin, il s'avisa d'un autre expe-
dient. Ce fut d'aller dans les maisons les plus qualifiées de Rome,
& de se recommander aux charitez

des

des Signori, fous le titre d'un pauvre écolier qui n'avoit pas de quoi continuer fes études. Lorfque cette invention fut épuifée, il prit une nouvelle voie qui penfa le conduire à fa perte. Il y avoit à Rome quantité d'Officiers Italiens qui faifoient recrue pour divers Regimens. Theodoro s'engagea fucceffivement à quatre ou cinq, & tira de chacun d'eux quelque fomme d'argent. Il eut le malheur d'être reconnu. On le mit en prifon. Son affaire fut pouffée fi vivement, qu'il fut condamné à perdre la vie, fuivant toute la rigueur des loix militaires. Il trouva le moien de faire favoir à Murini l'extrémité où il étoit. Celui-ci touché de reconnoiffance, & follicité par les prieres de Donna Thecla, prit le moment que le Pape fortoit de la Meffe pour fe jetter à fes pieds. Il lui fit en peu de mots l'hiftoire de fa fortune paffée, & celle de la mifere où il étoit tombé par la malignité de fes ennemis. Il lui dit que fon mauvais deftin fe faifoit fentir jufqu'à ceux qui s'attachoient à lui par compaffion, &
qu'il

qu'il alloit être la cause de la perte d'un aimable jeune homme , qui n'avoit point d'autre crime que d'aîmer trop sa fille , & d'avoir voulu la soulager dans ses malheurs. Enfin il fit une exposition si touchante de ses propres peines, & de l'excellent naturel de Theodoro , que Clement XI. en fut attendri. Il déclara qu'il se reservoit la connoissance de toute cette affaire, & qu'il en vouloit être pleinement instruir. Murini , à qui la pauvreté n'avoit pas fait perdre l'esprit , usa si bien de ce commencement de bonheur , que non seulement il obtint la grace de Theodoro , mais qu'il fit casser la Sentence injuste qui avoit été portée contre lui-même. Il rentra dans la plus grande partie de ses biens. Sa reconnoissance se signala d'abord par le mariage du jeune Theodoro avec Donna Thecla. Il rappella ensuite ses quatre fils , à qui la disgrace de leur pere n'avoit fait qu'honneur , parce qu'elle avoit été comme l'épreuve de leur vertu.

Une autre avanture , mais plus plaisante , occupa Rome pendant quel-

quelque tems. Un Abbé dont je dois cacher le nom par respect pour l'Eglise Romaine, étoit devenu amoureux de la femme d'un Machiniste de l'Opera. Elle ne passoit pas pour lui être cruelle, mais son mari jaloux & incommode lui laissoit peu de liberté. Il ne faloit presque pas esperer de la voir dans un autre lieu que sa propre maison. Après mille artifices emploiez inutilement, le galant Ecclesiastique qui rodoit sans cesse dans le quartier, remarqua que le Machiniste faisoit faire par un Tourneur quatre colonnes assez grosses, qui paroissoient devoir servir à l'entrée d'une Alcove. Il forma là dessus le dessein de gagner le Tourneur, pour lui faire creuser une de ces colonnes, & de s'y renfermer lorsque son jaloux les feroit transporter chez lui. Ce projet lui réussit. Il y avoit fait menager une ouverture en forme de petite porte, qui s'ouvroit au dedans & qui ne paroissoit point au dehors, de sorte qu'il esperoit pouvoir sortir & rentrer facilement. On transporte les colonnes chez le Machiniste, on

les

les place suivant leur destination.
Mais par le plus grand malheur du
monde, celle où l'Abbé s'étoit ni-
ché se trouva placée de maniere que
la petite porte étoit contre la muraille, ce qui en rendoit l'ouverture impossible. On peut juger quel
fut l'embarras du galant, lorsqu'a-
iant entendu descendre le mari, il
crût pouvoir sortir de sa prison pour
surprendre agréablement sa Belle. Il
auroit donné le meilleur de ses be-
nefices pour se sauver d'un si mauvais pas. Il n'osoit pas même appeller sa maîtresse à son secours, parce qu'il n'étoit point assuré qu'elle
fût seule. Cette crainte lui fit passer
un jour & une nuit dans une si étrange situation. Cependant ses necessi-
tez devinrent si pressantes, que n'a-
iant plus de mesures à garder, il fit
quelque bruit dans la colonne, pour
avertir qu'il y étoit prisonnier. Le
Machiniste étoit malheureusement
dans la chambre ; quand il n'y eut
point été, il eut bien fallu avoir recours à lui pour obtenir la liberté.
Sa surprise fut extrême en entendant
parler une colonne. Quelque expe-
rien-

rience qu'il eut dans les machines,
il ne pouvoit se figurer qu'une piece
de bois fût capable d'une articula-
tion de paroles. Enfin s'étant approché pour distinguer mieux d'où venoit le prodige, l'Abbé qui n'en
pouvoit plus, prit le parti de se faire connoître entiérement, & de demander pardon de la maniere la plus
soumise. Le jaloux fort assuré que
son honneur n'avoit rien souffert
d'un galant qu'il trouvoit dans une
posture si sage, se détermina aise-
ment à lui pardonner. Il lui fit payer seulement au triple le prix de sa
colonne, parce qu'il étoit bien résolu d'en substituer promptement une
autre moins suspecte, à la place de
celle qu'il étoit obligé d'abatre.

Pendant que je me divertissois ainsi à raconter à Selima les avantures
d'autrui, il m'en arriva une qui faillit à me jetter dans un embarras des
plus désagréables. Personne n'ignore
ce que c'est que ces hommes publics
qui courent le monde sous le nom
d'Operateurs, & qui se vantent de
posseder les plus rares secrets. Il
en étoit arrivé un à Rome, qui se
fai-

faisoit nommer Miracoloso Flori-
fonti , homme extraordinaire en effet par son éloquence admirable &
par la plus heureuse mémoire qui
fût jamais. Il possedoit tous les arts
& toutes les sciences , & tout le
monde étoit charmé de la facilité
avec laquelle il s'exprimoit. Mais
ce qui augmenta sa réputation , fut
le bruit qu'il eut soin de répandre ,
qu'il étoit versé dans les connois-
sances secretes & dans toutes les
profondeurs de la Philosophie occul-
te. Il confirma cette opinion par
quantité d'experiences , qui surpri-
rent les plus incrédules. Selima
étoit assez curieuse depuis que je
l'avois mise dans le goût de la lecture des meilleurs livres ; elle témoigna quelque envie de voir &
d'entendre cet homme célebre. Je
lui promis de le lui amener chez
nous. Il eut l'honnêteté d'y venir
à ma priere , nous eumes la satisfaction de le faire raisonner sur toutes sortes de matieres. J'avoue que
je fus enchanté de ses discours. Je
le priai de nous régaler de quelques-
uns de ces tours agréables , qu'on

diloit qu'il lavoit faire. Il me dit à l'oreille qu'il voioit que mon épou-se étoit enceinte, & qu'il n'étoit point à propos de faire en la pré-fence des merveilles qui pourroient l'effraier. Je changeai de difcours pour fuivre fon confeil, mais je l'engageai un moment après à me fuivre dans mon cabinet, où étant feul avec lui je le preffai de me donner quelque marque de fon fa-voir-faire. J'y confens, Monfieur, me dit-il; tournez-vous un mo-ment, & ne craignez rien. Je ne fais ce qu'il fit pendant un inftant que je fus tourné; mais lorfque je vins à jetter les yeux fur lui, au lieu d'un homme je ne vis plus qu'un grand Ours affis fur fes pat-tes de derriere. A la verité ce fpec-tacle me caufa quelque effroi; ce-pendant je n'en laiffai voir aucune apparence, & je remarquai qu'il reprenoit peu à peu la figure hu-maine. Je fuis perfuadé à prefent, lui dis-je, que vous favez quelque chofe de plus que le commun des Savans. Il me répondit que ce n'é-toit qu'un effai, & qu'il m'en mon-
tre-

treroit davantage, lorſque nous nous connoîtrions mieux. Je le priai de me venir voir quelquefois, ce qu'il me promit.

J'eus l'honneur de ſouper ce jour-là chez M. l'Abbé de la Trimouille, Auditeur de Rote, qui demeuroit à deux pas de chez moi. Je ne pus m'empêcher de lui raconter le prodige dont j'avois été témoin. Il prit la choſe en badinant, & refuſa de me croire. M. Boſi ſon Médecin entra ſur la fin du repas; je lui recommençai mon récit. Il ſe fit expliquer toutes les circonſtances; & m'aiant écouté gravement, il m'aſſura qu'il n'y avoit rien dans cet évenement, qui ſurpaſſât les forces de la nature; que c'étoit une experience purement phyſique; qu'apparemment, pendant que j'étois tourné, l'Opérateur avoit répandu dans l'air quelque poudre ſubtile, ou quelque eſſence qui avoit diſpoſé mes yeux de la maniere qu'il falloit pour appercevoir un Ours; qu'une preuve de cela étoit que je l'avois vû reprendre la forme humaine peu à peu & comme par de-

<table><tr><td>F 2</td><td>grez;</td></tr></table>

grez ; ce qui s'étoit fait à mesure que la poudre ou l'essence se dissipoit. Monsieur Bosi ajouta pour soutenir son sentiment, qu'il y a quantité de semblables opérations, que le vulgaire ignorant attribue à l'art magique, mais qui ne surprennent point un bon Physicien qui en connoît les principes. Par exemple, nous dit-il, il n'y a point de femme ni d'enfans qui ne s'imaginent qu'un carrosse qui s'arrête au milieu d'un chemin malgré les coups de fouet du cocher, ne soit ainsi fixé par les sortileges de quelque Berger. Cependant voici en quoi le sortilege consiste. Prenez un foie de Loup, faites le secher en le grillant jusqu'à ce qu'il puisse se réduire en poudre ; répandez-le dans l'air sur quelque chemin où vous voiez venir un carrosse ; jamais les chevaux n'avanceront, que la poudre ne soit entiérement dissipé. Nous passames la soirée dans ces sortes d'entretiens.

Le Signor Miracoloso Florisonti me rendit le lendemain une seconde visite. Il me dit qu'il estimoit
le

le caractere des François beaucoup
plus que celui des Italiens, & que
cette raison lui faisoit souhaiter mon
amitié ; qu'il me communiqueroit
quantité de rares secrets, dont il
ne vouloit pas se vanter à Rome ;
que les Romains étoient de petits
esprits qui ne s'imaginent pas qu'un
homme puisse en savoir plus qu'eux,
s'il n'entretient commerce avec le
Diable ; en un mot, qu'il appré-
hendoit trop l'Inquisition pour s'exposer au zele inconsideré des Prê-
tres de Rome. Pour vous, Monsieur, continua-t-il, je veux vous
donner dès aujourd'hui une preuve
de mon devoûment. Madame votre épouse est fort avancée dans sa
grossesse, & si je m'y connois, ses
couches sont plus proches qu'elle
ne pense. Voici un Elixir divin qui
la fera accoucher sans douleur.
Fiez-vous à moi, & laissez-moi le
soin de la conduire. Il tira de sa
poche une fiole qui contenoit une
espece de liqueur rouge, & vouloit
sur le champ la faire avaller à Selima. Je lui dis : Monsieur Florisonti, je suis sensible à votre zele & à

F 3

vo-

votre affection, mais mon épouſe m'eſt ſi chere, que je ne puis conſentir à lui laiſſer faire l'épreuve d'un remede inconnu. Eſt-ce-là votre crainte? reprit-il en riant; j'ai fort bien prévû cette objection, mais nous allons la détruire. En diſant cela, il deboucha ſa phiole, & prit en ma préſence une grande cueillerée de ſon Elixir. Il m'invita enſuite à faire de même. Je le fis ſans répugnance, après lui. Je n'y trouvai aucun mauvais goût, ni rien même de trop acre & de trop piquant. Nous allâmes trouver Selima, que j'engageai à prendre la doſe neceſſaire. Elle n'heſita pas un moment ſur ma parole.

Il faut convenir que ſi l'on eſt quelquefois trompé par ces ſortes de remedes, il s'en trouve auſſi dont l'effet eſt admirable. Tel fut celui du Miracoloſo. Selima fit la plus heureuſe couche du monde, ſans cris, & preſque ſans douleur. Quelle fut ma joie! J'embraſſai mille fois ce merveilleux Operateur, & je lui donnai ſur le champ mille écus. Cette liberalité jointe aux té-

témoignages qu'il recevoit tous les jours de mon amitié, me l'attacherent tellement, qu'il ne laiſſoit point paſſer un jour ſans me venir voir deux fois. C'étoit le Médecin de ma maiſon. Il veilloit ſur la ſanté de Selima & ſur la mienne avec une attention qui ne pouvoit partir que du cœur. Il me communiqua tous ſes ſecrets. La plûpart ſont innocens, il y en a quelques-uns qui me le paroiſſent moins, & dont je ſerois fâchée de faire l'expérience. Il continuoit pendant ce tems-là de mettre ſon art à profit, & de débiter avec ſuccès ſes remedes au public. Mais il tint mal la réſolution qu'il avoit faite de ne rien entreprendre à Rome, qui pût paroître extraordinaire. Sa grande réputation le flatta; il voulut l'augmenter en encheriſſant toujours ſur les premieres preuves qu'il avoit données de ſon ſavoir. La ſévere Inquiſition prit enfin connoiſſance de ſa conduite, & le fit arrêter pour être conduit dans les priſons du ſaint Office. J'appris cette nouvelle étant à dîner chez Monſieur le

 Car-

Cardinal de Janson, qui demeuroit
sur la Place Saint-Marc. Nous
raisonnions sur cette rigueur étonn-
nante des Inquisiteurs, lorsqu'un
Gentilhomme François qui venoit
de Monte Cavallo, entra dans la
salle, pour me dire de ne pas retourner à ma maison, si je ne voulois
avoir le sort du Miracoloso. Je lui
en demandai la raison, sans m'effraier beaucoup. Il m'affura que j'é-
tois soupçonné d'avoir part aux
prestiges de cet Opérateur, à cause
des fréquentes visites qu'il me rendoit ; qu'on savoit même que la
Marquise mon épouse s'étoit servie
de son art pour accoucher heureusement, & que je lui avois fait un
présent de mille écus ; en un mot,
que le dessein étoit pris de s'assurer
de la Marquise, de moi, & de tous
mes domestiques, pour examiner
mûnément cette affaire.

J'admirai le zele de l'Inquisition,
& la colere me fit lâcher quelques
traits sanglans contre ce redoutable
Tribunal. Cependant comme il ne
m'auroit point été agréable d'être
exposé à quelque insulte avec ma
fa-

famille, je priai Monſieur le Cardinal de me tirer d'un ſi fâcheux embarras. Il eut la bonté d'envoier auſſitôt un de ſes Officiers à Meſſieurs les Inquiſiteurs, pour leur déclarer de ſa part que j'étois Gentilhomme François, & que Sa Majeſté Très-Chrétienne m'accordoit ſa protection. La choſe en demeura là. Pour le Miracoloſo Floriſonti, perſonne n'a pu ſavoir ce qu'il eſt devenu.

La ſuite de cette hiſtoire m'a empêché de dire, que c'étoit une fille dont Selima m'avoit fait pere. Le ſoin que je devois prendre d'un gage ſi cher de mon amour, m'obligea de retarder notre départ pour la France. Sans rien fixer, je réſolus d'attendre que la mere & la fille fuſſent en état de ſupporter la fatigue d'une ſi longue route. Je trouvois aſſez d'agrémens à Rome, pour me déterminer à y demeurer toujours; mais j'étois preſſé depuis longtems du deſir de revoir mon pere. Cette idée me revenoit ſans ceſſe, & troubloit quelquefois mon repos. Il y

a

a de la dureté, me difois je fouvent à moi même, d'avoir abandonné fi longtems un fi bon pere. Il eft vrai qu'il n'a pas dépendu de moi de le revoir plûtôt. Le Ciel m'eft témoin que ce bonheur auroit été la confolation de mes peines. Peut-être auffi a-t-il été plus avantageux pour fa tranquilité, qu'il les ait ignorées. Tendre comme il eft, que n'auroit-il pas fouffert en apprenant que j'étois le malheureux jouet de la fortune, & que tous mes jours étoient marquez de quelque difgrace ? Je puis lui porter maintenant un cœur tranquile. Toute la feverité de fa vertu ne l'empêchera pas d'être fenfible au plaifir de recevoir mes embraffemens, & ceux de ma chere époufe, dont il admirera le mérite & la modeftie. Partons : Pourquoi differer ? Mais le puis-je ! Dans l'état où eft Selima, l'expoferai-je aux dangers de la mer qu'elle n'a déja que trop éprouvez ? Helas ! Les vents, les flots, les hommes, ont voulu me la ravir ; puis-je trop bien la conferver ? Voila de quels mouvemens j'étois quelquefois agi-
té.

té. Souvent même une profonde tristesse s'emparoit de mon ame, & je me retirois dans quelque lieu écarté pour me livrer à mes rêveries. Mais lorsque j'étois retourné à la maison, une parole, un coup d'œil ou un souris de Selima faisoit rentrer la joie dans mon cœur, & je cherchois avec étonnement quelle avoit pu être la cause de ma mélancolie.

C'est ainsi que la Providence me préparoit insensiblement à tous les maux cruels qui m'étoient encore reservez. Providence impénétrable! Qu'est ce donc que l'homme! Et pourquoi le Ciel prend il plaisir à ruiner ses felicitez les mieux établies? Est-ce pour lui apprendre qu'il n'en doit pas chercher dans les biens périssables de la terre?

Aiant pris la résolution de ne pas quitter si-tôt le séjour de Rome, je m'occupai uniquement du soin de procurer quelque amusement à Selima. Elle avoit si peu paru depuis notre arrivée, qu'elle n'étoit connue de personne, à la reserve de quelques Dames du voisinage, quel-

le avoit été obligée de voir par bienféance. De ce nombre étoit Madame de Sanati, de la famille des
Ottobons. Cette Dame avoit une
maiſon de campagne à huit ou neuf
milles de Rome, du côté de Fraſ-
cati. Elle nous ſollicitoit depuis
long tems d'y aller paſſer quelques
ſemaines avec elle ; & comme nous
entrions dans la belle ſaiſon, je
crus que le bon air qu'on reſpire
dans cette agréable partie de la campagne de Rome, pourroit ſervir à
rétablir entierement Selima de ſes
couches. Nous vîmes effectivement
le plus beau pays du monde. Fraſ-
cati eſt ſitué au pied d'une côte.
La ville eſt petite, mais tous les
environs peuvent paſſer pour des
lieux de délices. On y voit quantité de maiſons de plaiſance des
principaux Seigneurs de Rome, qui
les appellent leurs vignes. L'eau y
naît à chaque pas, des ſources les
plus fraiches & les plus vives : l'air
y eſt ſain, & preſque toujours tem-
peré. La maiſon de Madame de
Sanati eſt ſituée auprès de la ville
d'Aldobrandini, qu'on appelle Bel-
ve-

vedere, à caufe de la beauté de
fa vûe. Ce fut dans ce lieu enchanté que nous paffames deux mois;
qui nous parurent couler trop vîte.

On montre à une lieue de Frafcati les ruines de l'ancien Tufcu-
lum, qui étoit une des maifons de
campagne de Ciceron. Je n'eus
garde de me refufer le plaifir de voir
de fi beaux reftes de l'Antiquité. J'y
allai d'abord avec Madame de Sanati & mon époufe, pour prendre
une connoiffance générale des lieux;
mais j'y remarquai quantité de cho-
fes, qui me firent naître le deffein
d'y retourner feul : j'avois apperçu
dans le fond d'un foffé fec les ex-
trémitez de quelques pierres qui
m'avoient paru trop bien liées pour
ne pas faire partie d'une muraille
ou d'un bâtiment. Un bâton affez
fort que je portois à la main, m'a-
voit fervi à lever la terre à un pied
de profondeur ; & certains reftes
d'architecture que j'avois décou-
verts, m'avoient confirmé dans mes
premieres conjectures. J'y retournai dès le lendemain avec deux hommes, à qui je fis prendre des pio-

ches

ches & des pelles ; j'étois accompagné du fils de Madame de Sanati : Nous fimes creuser la terre des deux côtez de cette espece de muraille. A mesure que l'ouvrage avançoit, les pierres nous en parurent plus belles & plus ornées de differentes figures ; un coup de pelle fit sauter la moitié du chapiteau d'une colonne : le reste se trouva tout entier & fort bien conservé. Il y en avoit une autre à quatre ou cinq pieds de celle-là, & au milieu des deux, une ouverture ceintrée en forme de porte ; ce qui me fit juger que ç'avoit été l'entrée de quelque bâtiment. Cependant comme nous ne trouvions rien qui parût aboutir à cette porte, je pris le parti de faire creuser quelques pieds plus loin, directement vers l'ouverture. Ce travail aiant été inutile, je fis encore avancer mes ouvriers, & je leur fis faire ainsi consecutivement plusieurs fosses. Enfin ils trouverent un ouvrage de maçonnerie, qui me parut être une voûte, parce qu'il retentissoit sous les coups de pelle : ils eurent beaucoup de

pei-

peine à brifer les pierres pour faire une ouverture. Ils l'élargirent affez pour le paffage d'un homme , & j'envoiai fur le champ chercher une échelle, qui nous fervit à defcendre dans ce fouterrain avec plufieurs flambeaux que je fis allumer.

Nous nous trouvames dans une efpece de veftibule affez large, dont le pavé & les murailles étoient de pierres fort polies , mais dont quelques-unes étoient brifées & hors de leur place. Après nous être reconnus un moment dans l'obfcurité, nous apperçumes deux portes qui communiquoient au veftibule; l'une qui fembloit conduire au premier endroit où j'avois fait creufer ; l'autre qui étoit vis-à-vis , à l'autre bout. Je commençai par faire enfoncer celle-ci , le bois en étoit fi pourri qu'il ne fit point de réfiftance. Nous entrames dans une falle fpacieufe , au milieu de laquelle étoit une table de pierre , incruftée de marbre en differens endroits : I n'y avoit point d'autre fiege qu'un mauvais banc, qui tomba en pieces lorfque nous l'eumes remué. Au

fond

fond de la salle étoit une grande
armoire, d'un bois fort épais, qui
avoit refifté à la pourriture : Nous
y trouvames plufieurs flacons, deux
couteaux, & une petite cuve d'ai-
rain. Comme nous n'appercevions
rien davantage, je fis remuer l'armoire, par derriere laquelle nous
fumes étonnez de voir une porte
de fer, qui étoit croifée d'une barre
de même métal, dont les deux bouts
entroient dans la muraille. Ce ne
fut qu'avec des peines infinies que
nous vîmes à bout de l'ouvrir.
Nous trouvames quatre degrez à
defcendre : **Le** premier fpectacle
qui nous frappa, fut celui de trois
ftatues de grandeur humaine, qui
étoient appuiées contre la muraille
au bout d'un fallon qui n'avoit pas
plus de dix pieds de longueur. Ces
ftatues étoient fi affreufes, & en
même tems fi naturelles, que je
me fentis le cœur glacé de crainte.
Mes compagnons me propoferent
de nous retirer, en me difant qu'il
ne falloit pas douter que ce ne fut
quelque endroit confacré au Dé-
mon, où il s'étoit fait d'abomina-
bles

bles cérémonies. Je les raſſurai , & nous avançames. Je reconnus que les ſtatues repréſentoient les trois Furies : Elles avoient toutes trois le pied ſur un coffre de fer , dont la figure étoit un quarré long, de la grandeur d'un cercueil ordinaire. J'avoue que ce ne fut pas ſans quelque fraieur , que je fis ouvrir le coffre ; j'y trouvai un poignard tranchant des deux côtez , mais tout couvert de rouille ; quelques os d'hommes ou de femmes, & une pouſſiere humide qui étoit apparemment le reſte d'un corps conſumé de pourriture. Je pris le poignard. En conſiderant avec attention ce funeſte monument, j'apperçus cette courte Inſcription ſur le coffre en caracteres très-liſibles :

FURORI SACRUM.

Je ne doutai point que ce ne fût l'effet de quelque vangeance cruelle, inſpirée par la haine ou par l'amour outragé. Mon envie étoit de découvrir quelque choſe, qui pût me faire connoître à quel tems il
fal-

falloit rapporter ce triste accident. Je cherchai exactement dans tous les coins du fallon ; j'examinai la muraille en faifant approcher tous les flambeaux ; & n'aiant rien apperçu, je retournai au coffre de fer pour le vifiter avec plus de foin. Mais dans le tems que je remuois avec le poignard la cendre humide qui y étoit renfermée, il en fortit une flâme fubite qui s'attacha à mes cheveux, & qui en brûla dans un inftant la plus grande partie. Ce prodige penfa faire mourir de fraieur mes trois compagnons, & je confeffe ici qu'il m'épouventa moi-même. Nous fortimes prefque en fuiant de cette horrible caverne, & nous regagnames le trou par lequel nous étions defcendus.

Nous avions emploié tant de tems à cette inutile découverte qu'il étoit nuit lorfque nous arrivames à la maifon de Madame de Sanati ; elle fut effraiée du récit que nous lui fimes de notre avanture. Le bruit s'en répandit en peu de jours par tout le canton ; on ajoûta mille circonftances terribles à ce que nous avions

ra-

raconté, de sorte que ce lieu est devenu redoutable, même aux passans. Le trou fut renfermé peu de tems après, cette étrange histoire sera longtems célebre à Frascati. Cependant je suis persuadé, en y faisant aujourd'hui réflexion, qu'il n'y eut rien que de naturel dans cet événement. J'avois un flambeau à la main en remuant les cendres ; l'humidité grasse qu'elles conservoient encore, put s'enflâmer aisément ; & par la même raison, la flâme dut se communiquer facilement à mes cheveux, qui étoient fort long & chargez d'essence. Je les avois laissé croître avec complaisance depuis mon départ d'Amasie : J'eus quelque regret de me voir contraint par cet accident de prendre la perruque.

Madame de Sanati n'épargnoit rien pour éloigner l'ennui de sa maison. Outre les plaisirs domestiques qu'elle faisoit renaitre tous les jours, elle nous procura l'honneur de saluer le Prince Ludovisio, qui avoit une fort belle vigne dans le voisinage. Il nous donna plusieurs fois à dîner chez lui. Les principales Dames

mes

mes de Frascati étoient ordinaire-
ment de la fête, & y apportoient
tout l'enjoument qui fait leur caractere. Mais quelque jalouses qu'elles
soient de l'avantage de plaire & de
paroître belles, elles confessoient
que tous leurs charmes devoient
ceder à ceux de Selima. Nous n'eumes pas le moindre mélange de tristesse dans cet agréable séjour, excepté peut être un peu de compassion
que nous causa l'alliance la plus mal
assortie qui fut jamais. Madame de
Sanati fut invitée à la nôce d'une
jeune fille de Frascati, qui avoit
tout au plus quatorze ou quinze
ans. Elle nous engagea à lui tenir
compagnie. Nous nous rendimes
avec elle à la maison de la jeune
épouse, qui nous parut une des plus
aimables personnes du monde ; je
ne doutois pas qu'elle n'eut fait
choix d'un époux accompli, & j'attendois avec impatience le moment
de son arrivée ; mais je fus extrê-
mement surpris de voir un petit
bossu de très-mauvaise physiono-
mie, les yeux rouges & enfoncez,
l'air pâle & mal sain, la bouche
fen-

fendue jufqu'aux oreilles , & les dents toutes pourries. Je marquai quelque étonnement à Madame de Sanati, qui me répondit qu'il en étoit de Frafcati comme de tous les autres pays du monde , où l'on facrifie le mérite & la beauté aux richeffes. Cet époux malotru poffedoit dix ou douze mille livres de rente, & la jeune fille avoit peu de biens. Cette raifon avoit fait fermer les yeux à fon pere , fur la difformité de fon gendre. Mais ce qui affligea Selima , fut de voir cette malheureufe petite créature courir avec joie vers fon époux , comme fi elle eut été au comble du bonheur. L'enfance la rendoit alors infenfible à ce qui n'aura pas manqué de lui caufer enfuite bien des larmes.

Nous quittames la maifon de Madame de Sanati, charmez de fes manieres honnêtes, & de fa generofité. Elle nous préta fon carroffe pour retourner à Rome. Selima jouiffoit d'une fanté parfaite : je lui propofai de profiter du rétabliffement de fes forces & de la belle

faifon, pour entreprendre le voiage
de France. Il nous étoit facile d'y
arriver avant l'hyver, foit que nous
fiffions la route par mer, foit que
nous priffions celle de terre qui eft
moins dangereufe, mais plus fati-
gante. Le jour de notre départ fut
arrêté avant que d'entrer à Rome.
Nous trouvames en y arrivant le
nombre de nos domeftiques dimi-
nué, par la mort des deux efclaves
Turcs qui me fervoient depuis
Amafie. Ils avoient été emportez
en peu de jours par une fiévre ma-
ligne qui commençoit à regner à
Rome. Cette maladie, dont je n'a-
vois pas entendu parler à Frafcati,
m'allarma beaucoup. J'étois au de-
fefpoir d'avoir ainfi précipité Selima
au milieu du danger. Il étoit trop
tard pour fortir de la ville avant la
nuit, mais je réfolus de partir le
lendemain à la pointe du jour avec
ma chere époufe & ma fille, & de
laiffer la femme de chambre avec
Comtois, pour emballer les meubles les plus néceffaires fur la route.
Inutiles précautions ! La colere du
Ciel fe rioit de mes foins, & creu-
foit

foit fous mes pas un abîme, où j'étois prêt de tomber pour n'en fortir jamais.

Il eft certain que les hommes aiant reçû de Dieu la vie & tous les autres biens qu'ils poffedent, le même pouvoir qui les leur à donnez peut les ravir fans injuftice. Le Créateur exerce un empire abfolu fur tout ce qui eft forti de fes mains ; s'il nous en accorde un ufage paffager, c'eft en fe refervant toujours le droit d'en difpofer en maître. Qui peut douter de ces veritez ?

Mais fi le murmure & la revolte font interdits aux créatures ; fi elles doivent refpecter, même en périffant, la fouveraine volonté qui les frappe & qui les détruit ; la douleur & les larmes ne doivent-elles pas du moins leur être permifes ? Leur ôtera-t-on jufqu'à cette malheureufe reffource dans leurs maux & dans leurs pertes ? Helas ! puifque nous fommes fans force & fans réfiftance contre les malheurs qui nous accablent, qu'on accorde au moins ce trifte privilege à notre foibleffe, de pouvoir nous affliger avec liberté.

Eft-

Est-ce trop se flatter, que de se réduire à un si miserable partage?

Mon Lecteur s'apperçoit assez de ce qu'il doit attendre dans la suite de cette Histoire. Ceux qui n'aiment point que leur tranquilité soit troublée, même par la compassion, ou ceux qui craignent d'être trop attendris par un récit douloureux, doivent interrompre ici leur lecture. Je n'ai plus que des soupirs & des pleurs à leur offrir ; je sens que toutes les plaies de mon cœur vont se rouvrir, & qu'elles sont prêtes à saigner. Quatorze ans tout entiers passez dans la douleur, n'ont pu m'accoutumer à ma perte, qui semble se renouveller tous les jours.

Selima se mit au lit en bonne santé. Elle y eut à peine été deux heures, que je la sentis toute brulante. Vous êtes malade, lui dis-je avec inquiétude, vous souffrez quelque douleur. Elle me répondit qu'elle avoit mal à la tête, & qu'elle étoit alterée, mais que c'étoit une bagatelle qui ne devoit pas m'allarmer. Je me levai aussitôt, & j'envoiai

voiai chercher un Médecin qui lui trouva une fiévre violente. Je me crus perdu, & je commençai dès ce moment à desesperer de sa vie. Un frisson mortel se répandit dans mes veines ; je sentis des mouvemens qui m'avoient été inconnus jusqu'alors. Cependant dans la crainte que mon desespoir ne fût apperçu de Selima, je me fis violence pour prendre un visage tranquile. Sa fiévre redoubla au point du jour, avec des douleurs insuportables. Le Médecin que j'avois prié de ne la point quitter, lui fit prendre de tems en tems quelques liqueurs cordiales, qui ne la soulagerent point ; la violence de sa fiévre lui causa un transport au cerveau, pendant lequel elle repeta cent fois mon nom, comme si elle eut eu quelque inquiétude pour moi. J'étois plus mort que vif auprès de son lit ; je tenois ses mains brulantes, & je lui disois quelques paroles qu'elle n'entendoit qu'à demi. La connoissance lui revint entiérement vers le soir. M. l'Abbé de la Trimouille qui eut la bonté

de se transporter chez moi à la
nouvelle de sa maladie, me conseil-
la de lui faire donner les Sacremens
de l'Eglise. Elle les reçut avec des
sentimens vraiment Chrétiens. Ses
douleurs ne firent plus qu'augmenter jusqu'à minuit. Comme j'étois
sans cesse auprès d'elle, & que le
Médecin qui y étoit aussi me re-
commandoit un profond silence, je
n'avois que mes yeux qui pussent
servir d'interprétes à ma douleur;
elle tournoit aussi sur moi ses regards tendres & languissans, &
quelquefois elle me serroit la main
en m'appellant son cher Salem.
Le Médecin que je consultois à
tous momens, & qui étoit habile
homme, me dit positivement qu'il
ne croioit pas qu'elle pût passer
quatre heures du matin. Il ne rai-
sonnoit que trop juste. Mon incomparable épouse expira à l'heure
marquée, après m'avoir dit d'une
voix foible & mourante : Aimez-
moi toujours, je meurs en vous
aimant.

Pourra-t-on s'imaginer que je ne
sois pas mort moi-même de douleur,

leur, ou que je ne me fois pas percé mille fois le fein de défefpoir ?
Que me rettoit il à efperer au monde, après avoir perdu Selima ? Pourquoi ne me paffai-je pas mon épée
au travers du corps ? Pourquoi ne
me précipitai - je pas dans le Tibre ?
Tant de chemins peuvent conduire
à la mort ; ne devois - je pas choifir
les plus courts ? Helas ! Je les ten-
tai tous l'un après l'autre , & mon
cœur defefperé auroit voulu pouvoir les unir tous enfemble. On
crut me rendre un bon office en
éloignant de moi tout ce qui pouvoit favorifer le deffein que j'avois
pris de mourir , & l'on me veilla
pendant quinze jours , comme on
auroit fait un furieux ou un infen-
fé. J'étois en effet dans un état bien
plus trifte ; car je perdis non feulement tout amour pour la vie, mais
la raifon même , & tous les fentimens de Religion. Ni Monfieur le
Cardinal de Janfon qui m'envoia
vifiter plufieurs fois , ni Monfieur
l'Abbé de la Trimouille, ne firent
par leurs fages confeils aucune impreffion fur mon efprit. Ils obtin-

G 2

rent

rent de moi à la verité que je ne mourrois pas , mais je formai le projet d'un genre de vie qui ne se- roit gueres différent de la mort , & qui felon mes idées ne tarderoit pas longtems à me l'attirer. J'engageai d'abord le Médecin par l'efpoir d'u- ne groffe récompenfe , à m'apporter dans une boëte d'or que je fis faire exprès , le cœur de Selima , quoi- qu'elle fût déja inhumée ; & de peur qu'il ne lui prît envie de me trom- per , je voulois que Comtois , fur qui je me fiois , fût préfent lorfqu'il iroit faire la nuit cette entreprife au tombeau. La chofe fut executée heureufement deux jours après. Fier de la poffeffion d'un fi précieux tre- for , je ne fongeai plus qu'à rem- plir promptement mon deffein. Je louai une maifon affez propre dans un petit village appellé Venifi , qui n'eft qu'à une demie-lieue de Rome , mais entourné de tous côtez d'un bois fort épais qui en fait une pro- fonde folitude. Je m'y rendis avec Comtois , & Agade femme de cham- bre de ma chere époufe , qui con- fentirent à s'attacher à ma fortune.

Aga-

Agade se chargea du soin de ma fille, que je lui fis amener aussi avec sa nourrice. J'emportai à Venisi tout ce qui avoit servi à Selima pendant sa vie, ses livres, ses habits & ses autres meubles. Ce triste équipage devoit entrer dans mon projet. Mon premier soin fut de faire couvrir les murs & le pavé de la chambre que j'avois choisie pour ma demeure, d'un drap noir : Les fenêtres furent bouchées, n'aiant plus envie de revoir la lumiere du Soleil, mais de me servir seulement de celle de quelques flambeaux. Je fis suspendre aux murailles les habits de Selima, afin qu'ils pussent frapper continuellement mes yeux. Je posai son cœur sur une table couverte d'un grand tapis noir, au dessus de laquelle étoit un tableau qui la representoit au naturel & dans toute sa beauté. Aux deux côtez de la table étoient de guéridons qui soutenoient les flambeaux, qui devoient sans cesse éclairer ce triste lieu. Quelques livres, un lit & une robe de couleur noire composoient le reste des meubles. Telle étoit

 la

la disposition de cette espece de tombeau, dans lequel j'avois résolu de m'ensevelir tout vivant. Si les pleurs & les soupirs ne peuvent porter le nom de plaisirs, il est vrai néanmoins qu'ils ont une douceur infinie pour une personne mortellement affligée. Tous les momens que je donnois à ma douleur m'étoient si chers, que je ne prenois presque aucun sommeil pour les prolonger. Deux mois se passerent, sans que je pensasse même à me jetter sur mon lit : ma situation ordinaire étoit d'être assis auprès de la table sur laquelle reposoit mon tresor, de le contempler en soupirant, de lui adresser la parole comme si j'eusse eu Selima devant les yeux, & de lui donner souvent mille baisers en l'arrosant de mes larmes. Je m'imaginois que ce cœur autrefois si tendre répondoit encore à mes sentimens, qu'il plaignoit mes peines, & qu'il approuvoit les témoignages de ma fidelité & de mon amour. Quelquefois je panchois ma tête abbatue sur la table ou sur le dos de ma chaise, & le

som-

sommeil fermoit mes yeux pendant quelques momens ; mais mes ge-missémens en devenoient plus vifs à mon reveil. Je jettois des cris, & je poussois des soupirs qui attiroient Comtois à ma chambre, dans l'ap-préhension qu'il ne me fût arrivé quelque fâcheux accident. Ce pau-vre valet se mettoit à pleurer, en voiant le pitoiable état où j'étois. Il se retiroit sans parler, lorsqu'il m'avoit trouvé dans ma posture ordinaire. Je mangeois peu, je dormois encore moins ; je lisois même très-rarement. Il est incroia-ble que j'aie pu passer un an tout entier dans cette maniere de vivre ; c'est le Ciel sans doute qui prit soin de me conserver la santé du corps, pour m'ouvrir un jour les yeux sur le danger de mon ame ; car je per-dis toute idée de Religion pendant cette fatale année, ou si je pensai quelquefois à Dieu, ce fut pour l'accuser de rigueur & d'injustice.

Quelque solitaire que soit la situa-tion de Venisi, il étoit impossible qu'étant si proche de Rome le bruit de mon avanture ne s'y répandît

 pas

pas à la fin. On en apprit toutes les circonstances, & chacun plaignit mon malheur en même tems qu'on admiroit ma réfolution. M. l'Abbé de la Trimouille fut le premier, que l'amitié & la compaffion amenerent à Venifi. Quoique j'euffe défendu à mes gens d'ouvrir la porte de ma maifon, ils ne crurent point que mes ordres regardaffent un homme de cette diftinction. Je fus furpris de voir cet illuftre Abbé entrer dans ma chambre, fans m'avoir fait avertir de fon arrivée. Où fuis-je? me dit-il en m'embraffant ; dois-je en croire mes yeux, & n'eft ce point une ombre que je vois fous la figure d'un homme ? Plût au Ciel, Monfieur, lui répondis-je, que je puffe perdre bientôt ce refte de figure qui me diftingue encore des ombres ! Je trouverois du moins en mourant, un repos que je ne puis plus efperer fur la terre. Vous n'y penfez pas, reprit l'Abbé de la Trimouille ; favez-vous que votre vie appartient à Dieu, & que vous devez travailler à la conferver, tant qu'il la juge néceffaire au monde.

Moi,

Moi , repliquai - je , moi néceſſaire
au monde ! Helas ! que fais-je parmi
les vivans ? Je les importune par
mes gémiſſemens ; je les épouvante
par mes cris , vous me paroiſſez
vous-même effraié de ma préſence.
Non , je ne ſaurois trop invoquer
la mort, puiſque la vie m'eſt inſu-
portable , & qu'elle ne peut plus
me rendre utile à perſonne. Mais
c'eſt vous-même , repartit-il , qui
vous réduiſez à cette inutilité : le
remede eſt facile, que ne faites vous
un effort pour vous rendre à ce que
la Religion & la raiſon demandent
de vous. Un deuil ſi long & ſi extraordinaire n'honore-t-il pas aſſez
la cendre de votre épouſe ? Lui
rendrez-vous la vie en vous faiſant
mourir pour elle ? Songez que ſi
Dieu permet qu'elle entende vos
pleurs, & qu'elle ſoit encore ſenſible
à votre amour, il n'eſt pas croiable
qu'elle prenne plaiſir à vous voir
paſſer vos jours dans une triſteſſe qui
vous conſume: Si elle ignore ce que
vous faites pour elle , vous perdez
vos peines , & vous irritez Dieu en
vous revoltant contre ſes volontez.

G 5

Mon-

Monsieur de la Trimouille me fit
quantité d'autres raisonnemens de la
même nature , & conclut enfin qu'il
falloit que je retournasse à Rome
avec lui. Ma douleur étoit trop
ingenieuse & trop opiniatre , pour
ceder si facilement. Je combattis
toutes ses raisons, & je conclus à mon
tour, que des malheurs tels que les
miens méritoient des larmes éter-
nelles. Il m'assura de la continua-
tion de son estime, & me promit de
m'honorer souvent de sa visite. Je
me vis en peu de tems assiegé par
un nombre considerable de personnes de distinction, que la curiosité ou l'amitié attiroient chez moi.
Ils emploierent les mêmes raisons
pour me faire renoncer à un genre
de vie si triste. Je leur opposois les
mêmes reponses. Enfin las d'être
exposé aux discours de tant de
consolateurs importuns, j'avois pris
la résolution de chercher un asile
moins connu , lorsqu'un jour on
m'annonça la visite d'un Gentilhomme François qui se disoit de
mes parens ; l'aiant fait introduire ,
je fus frappé effectivement de quel-
ques-

ques-uns de ſes traits, mais c'étoit un ſouvenir ſi confus, que je ne pûs me le remettre. Il ſembloit attendre néanmoins que je le reconnuſſe; & voiant à peu près ſon deſſein, je lui dis que ſon viſage n'étoit pas étranger pour moi, & qu'il me feroit plaiſir de ſe faire connoître davantage. Il ne me répondit qu'en ſe jettant à mon cou; & m'aiant tenu quelque tems embraſſé ſans parler, Ah! mon cher Marquis, s'écria-t-il, ne reconnoiſ-ſez-vous pas le Chevalier de . . . . qui vous a toujours ſi tendrement aimé? Dans quel état vous revois-je? Helas! qu'ai-je appris? La fortune ne ſe laſſe donc pas de ſes injuſti-ces; Serez-vous toujours aimable, & toujours malheureux?

J'avoue que mon cœur s'ouvrit pour un moment à la joie, quand j'eus reconnu mon oncle, le Che-valier de . . . . On a vû dès le commencement de ces Memoires, que j'avois eu de l'inclination pour lui dès ſon enfance. D'un autre côté ſa vûe me fit rappeller tout d'un coup le ſouvenir de mon pere. Ces deux idées m'attendrirent: je

lui rendis ses caresses ; & l'aiant fait
asseoir, Vous voiez, lui dis-je , à
quel point le Ciel m'a rendu misé-
rable. Je ne parle point des malheurs
que vous connoissez, & dont vous
avez été témoin, ni de ceux que
j'ai essuiez depuis dans tous les
endroits où mon mauvais sort m'a
conduit. Celui qui cause aujourd'hui
mes gémissemens, les réunit tous.
Je me consume depuis dix mois dans
les pleurs , & je tache de hâter ma
mort, comme l'unique bien qui me
reste à esperer. Mais vous , mon cher
Chevalier, par quel hazard vous trou-
vez vous dans cette triste maison ?
Que me direz-vous de mon pere, de
vous même , & de toute la famille ?

Le Chevalier commença par m'assurer que mon pere se portoit bien ,
& qu'il n'avoit point eu d'autre
chagrin que celui qu'il avoit ressenti
en apprenant que j'avois été tué en
Servie par les Turcs : il me dit que
Scoti qui m'avoit cru mort avec
Monsieur de Mariener & le reste du
détachement, avoit rapporté cette
fausse nouvelle à son retour d'Allemagne ; que pour lui, étant arrivé

à

à Rome depuis quelques jours pour une affaire d'importance, il avoit été informé de mon malheur par le bruit public ; que l'opinion de ma mort lui avoit d'abord caufé quelque embarras ; mais qu'aiant été inftruit de tout par Monfieur le Cardinal de Janfon, & par Monfieur l'Abbé de la Trimouille, l'affurance que j'étois en vie l'avoit comblé de joie ; & qu'il étoit venu auffitôt avec un empreffement extrême pour partager avec moi mes douleurs , & pour m'offrir les foulagemens qu'il croioit y pouvoir apporter. Il me raconta enfuite les changemens qui étoient arrivez dans la famille ; la mort de la Comteffe fa mere , & celle de fon frere aîné, qui n'avoit pas laiffé d'enfans ; de forte qu'il fe trouvoit leur unique heritier : mais qu'aiant été engagé dés fa jeuneffe dans l'ordre des Chevaliers de Malthe , il avoit fait des vœux ; & que c'étoit pour s'en faire relever, qu'il avoit entrepris le voïage de Rome. Il me protefta que je ferois le maître de fes biens plus que lui, & qu'il ne les vouloit emploier qu'à me re-

con-

conduire en France, & à m'y faire oublier mes infortunes paſſées. Enfin ce généreux Chevalier me donna mille marques de la plus parfaite tendreſſe & de la plus ſincere compaſſion.

Je lui en donnai auſſi de la reconnoiſſance la plus vive. Je vois bien, lui dis-je, mon cher Chevalier, que le Ciel veut retarder ma mort, puiſqu'il rend aujourd'hui mon cœur capable d'un ſentiment de joie. Ce que vous m'apprenez de vous même me touche beaucoup; ce que vous m'avez dit de mon pere me fait naître une forte envie de le revoir. Je conſens à retourner en France. Pour la promeſſe que vous me faites de m'y rendre heureux, elle eſt bien une preuve de votre généroſité ; mais elle ne ſauroit flatter mon eſpérance. Ma deſtinée eſt de ne l'être en aucun lieu ; & ſans prévoir de nouveaux malheurs, j'ai aſſez de mortels ſentimens qui m'occupent pour être toute ma vie le plus infortuné de tous les hommes. Voïez-vous cette boëte, continuai-je en lui montrant

le

le cœur de Selima, voilà le tombeau de mes plaisirs, & la source éternelle de mes peines. Il n'y aura de moment heureux pour moi, que celui de la mort, où mon cœur se rejoindra à celui de ma chere épouse, qui est ici renfermé. Le Chevalier prit la boëte entre ses mains, & la baisa respectueusement. Je lui fis voir le portrait de celle à qui ce précieux reste avoit appartenu. Il en fut charmé comme de la plus belle chose qu'il eut jamais vûe. Il le fut bien davantage du récit que je lui fis de ses admirables qualitez, & de la tendresse infinie qu'elle avoit pour moi : chaque parole me coûtoit quelques larmes ou un soûpir.

Après avoir passé quelques heures dans un entretien si doux, le Chevalier me pria d'accorder la permission d'entrer dans ma chambre à Scoti, qui mouroit dehors de l'impatience de me voir. Quoi ! lui dis-je, Scoti est avec vous? Qu'il entre; je le veux voir promptement. Ce fidele valet se jetta à mes pieds en entrant ; il les mouilla de ses pleurs

&

& me dit mille choses, telles que l'excès de sa joie les lui inspiroit. Je lui fis raconter la maniere dont il étoit revenu en France après m'avoir cru mort. Il se tira bien de ce récit ; & il nous exprima d'un air fort touchant la douleur que ma perte lui avoit causée. Lorsqu'il eut fini, il se tourna vers le Chevalier, & nous surprit par ce compliment qu'il lui adressa : Monsieur, lui dit-il, vous avez bien voulu me recevoir à mon retour pour votre valet de chambre, & c'étoit la plus heureuse condition que je pûsse espérer après avoir perdu mon cher Maître : mais aujourd'hui que j'ai le bonheur de le retrouver, permettez, s'il vous plaît, que je vous quitte pour emploier le reste de ma vie à son service. Le Chevalier prévint ma priere, en assurant Scoti qu'il y consentoit de tout son cœur, & qu'il trouvoit sa demande fort juste. Ainsi ce pauvre garçon reprit auprès de moi la place qu'il avoit occupée si longtems.

J'offris au Chevalier d'écrire en sa faveur à Monsieur le Cardinal de de Janſon, & à d'autres perſonnes, dont j'avois l'honneur d'être connu particuliérement, & qui pouvoient avancer ſes affaires. Son mérite joint à mes recommandations les fit réuſſir plutôt qu'il ne l'eſpéroit. Je ne quittaï point ma maiſon de Veniſi juſqu'au tems de notre départ. Mais quoique je ne changeaſſe rien à la vie que j'y avois menée, je me rendis un peu plus facile à recevoir les viſites de diverſes perſonnes qui me faiſoient cet honneur. La converſation rouloit toujours ſur le mérite de Selima, ſur la conſtance de mon amour, & ſur l'excés de ma triſteſſe. Un Eccléſiaſtique d'un rang diſtingué me raconta un jour cette hiſtoire, à cauſe du rapport qu'elle avoit avec la mienne.

Sixte V. aiant été élevé à la premiere dignité de l'Egliſe, travailla comme les autres Papes à l'agrandiſſement de ſa famille. Parmi ſes parens il y en avoit un qui s'appelloit du même nom que lui, c'eſt à-dire, Perretti, & dont l'eſprit promettoit beaucoup, quoiqu'il

n'eut

n'eut point eu d'autre éducation que celle qu'on donne à un pauvre enfant de village. Ce jeune homme étant venu à Rome fut préfenté au Pape, qui lui propofa d'entrer dans l'état Eccléfiaftique. Il fut obligé de prendre ce parti par timidité, malgré fes inclinations, qui y étoient fort oppofées. Il fit en peu de tems fes études avec tant de diftinction, qu'il devint cher à Sixte V. Tout le monde s'attendoit à le voir monter aux premiers Emplois, & le Pape lui ordonna de prendre les Ordres facrez dans cette vûe. Mais Perretti que la qualité de parent du Pape, & le commerce du monde avoit déja formé, fe fentit affez de hardieffe pour ne plus déguifer fa répugnance. Sixte V. furpris en voulût favoir la raifon. Perretti prit ce moment pour fe jetter à fes pieds & pour lui ouvrir fon cœur. Dans le tems qu'il n'étoit encore qu'un pauvre payfan, il avoit eu des yeux pour reconnoître la beauté de la fille du Seigneur de fa Paroiffe, qui fe nommoit le Signor Monetto, & l'amour s'étoit

gliffé

glissé dans son cœur. La fortune
n'avoit point changé ses sentimens.
Il confessa au Pape, que s'il avoit
assez de bonté pour vouloir le rendre heureux, il falloit lui permettre
d'épouser sa maîtresse. Après avoir
balancé un moment, Sixte V. y
consentit. Perretti part avec cette
heureuse permission, demande sa
fille au Signor Monetto, qui se
crut trop honoré de devenir allié
du Pape, & revient à Rome après
son mariage pour présenter son
épouse au Chef de l'Eglise. Elle
parut aimable aux yeux de toute la
Cour Romaine. Perretti jouissoit
de son bonheur en attendant les
bienfaits de son parent qui ne pouvoient lui manquer, lorsqu'une
mort imprévûe lui enleva sa chere
épouse dans la premiere année de
leur mariage. Ce coup abbatit sa
constance. Il résolut de se dérober
au monde pour se livrer tout entier
à sa douleur. Par le credit qu'il avoit
en qualité de parent du Pape, il
obtint secrétement qu'on le laissât
descendre dans le caveau où son
épouse avoit été renfermée ; il y

prit

prit des provisions pour longtems; & de quoi s'éclairer dans l'obscurité. Là seul, & uniquement occupé de sa perte, il passa deux mois, sans que personne pût savoir ce qu'il étoit devenu. Enfin le Sacristain de l'Eglise où étoit le caveau, qui avoit seul le secret de Perretti, crut s'ouvrir un chemin aux honneurs, en découvrant au Pape cette lugubre histoire. Perretti fut ramené au jour malgré lui ; & dégoûté du mariage par un si malheureux succès, il embrassa l'état Ecclesiastique, & posseda ensuite une des plus éclatantes dignitez de l'Eglise.

Monsieur Sachetti qui me rapporta cette histoire, en prit occasion de m'exciter à prendre le parti de l'Eglise, pour me remettre, disoit il, de mes longues agitations par une vie douce & tranquille. Je n'étois point en état de goûter ce conseil. Je demeurai dans la résolution de retourner en France. Nous partimes de Rome après que j'eus rendu les civilitez que je devois à mes amis, & nous arrivames heureusement à Marseille sur une Galere du Pape,

Pape, qui portoit Monsieur le Nonce. Nous primes auffitôt le chemin de notre Province. J'eus la douce confolation de retrouver mon pere, & de décharger ma douleur dans fon fein. La fatisfaction que j'avois à le voir fouvent & à l'entretenir, me fit céder aux inftances du Chevalier, qui me preffoit fortement de choifir ma demeure dans fon Château. J'y paffai pendant quelques années une vie folitaire, & pleine de langueur, infenfible aux divertiffemens que cet oncle aimable tâchoit de me procurer, & toûjours poffédé d'une fombre & profonde trifteffe. Je l'engageai à fe marier prefque malgré lui : fon deffein étoit de partager fes biens avec moi pendant fa vie, & de faire ma fille en mourant fon heritiere univerfelle. Je m'oppofai à cette généreufe inclination. Il faut, lui dis-je, que notre maifon fubfifte, & que vous laiffiez un fucceffeur ; peut-être confentirois-je à votre envie fi ma fille étoit d'un autre fexe ; mais je ferai trop content, fi vous voulez bien me promettre de prendre foin d'elle, au

cas

cas que ma mort arrive avant son établissement.

La petite Julie croissoit à vûe d'œil. Je lui avois donnée ce nom en mémoire de ma chere sœur. Elle réprésentoit si parfaitement sa mere, qu'il auroit été difficile de s'y méprendre, quand on avoit vû le portrait de Selima, que j'avois apporté d'Italie. Dès l'âge de cinq ou six ans, Julie paroissoit sentir mes peines. Elle pleuroit quelquefois, en voiant mes tristes regards s'attacher sur elle, & la considérer longtems d'un air attendri. Elle s'efforçoit de me consoler par ses petites caresses. Je lui montrois le portrait de Selima, & je l'accoûtumois à regretter une mere dont elle auroit fait les délices. Comme Agade n'avoit pas les manieres assez Françoises pour l'élever aussi bien que je le souhaitois, je la mis pour quelques années dans un Couvent célebre de Religieuses, où l'on recevoit de jeunes personnes de qualité, pour leur donner de l'éducation. Agade voulut la suivre ; ce que j'eus quelque peine à obtenir de la Superieure du Couvent. Peu

Peu de tems après, je perdis mon pere : il mourut de la mort des Saints, après avoir vécu comme eux. J'étois auprès de lui lorsqu'il rendit le dernier soupir. Je lui demandai en grace de m'obtenir de Dieu celle de le suivre bientôt. Il me le promit d'un visage riant, & qui ne se sentoit point des horreurs de la mort. Si cette perte me fit verser des larmes, ce n'étoit point de ces larmes ameres, que la douleur arrache. Je trouvois au contraire de la douceur à penser que la vie sainte de mon cher pere alloit être couronnée. Je considérois son bonheur avec des yeux d'envie. Il est au port, disois-je, hélas ! le rejoindrai-je bientôt ? Je l'ai toûjours invoqué depuis dans mes prieres.

Mes occupations ont été si simples dans la suite de ma vie, qu'elles ne méritent point un détail qui n'auroit rien d'intéressant. Le Chevalier qui porte à présent le nom de Comte de ... n'a rien relâché jusqu'aujourd'hui de sa généreuse amitié. Il m'a pressé même fort longtems de penser à un second mariage ; & les in-

instances qu'il m'a faites sur cet article, sont l'unique chagrin qu'il
m'ait jamais causé. Lorsque ma
fille eut atteint l'âge de quinze ans,
il fut le premier à me faire songer
à son établissement. Je trouvai qu'en
effet il étoit tems de la retirer du
lieu solitaire où elle étoit. Je me
rendis moi-même au Couvent,
dans le dessein de l'en faire sortir,
& de l'amener au Château du Comte. On ne peut être plus surpris
que je le fus de la réponse qu'elle
fit à cette proposition. Mon cher
papa, me dit elle, je vous conjure
de me laisser toute ma vie dans cette
sainte retraite. Je sens que la volonté divine m'appelle à l'état religieux ; je n'attendois que le bonheur
de vous voir, pour vous demander
votre consentement ; j'ose espérer
que vous ne me le refuserez pas.

Je fus quelque tems incertain sur
la maniere dont je devois lui répondre. Enfin je l'assurai que je l'aimois
trop pour vouloir géner ses inclinations, & qu'elle me verroit con-
sentir à tout ce qui pourroit la rendre heureuse. Mais, ajoûtai-je,
son-

songez-vous bien, ma fille, au chagrin que votre réfolution va me
caufer ? Quoi ! vous voulez abandonner votre pere qui vous regardoit comme fon efpérance & fa
confolation, & qui fe promettoit
de paffer le refte de fes jours avec
vous ! Prenez du moins du tems
pour y faire une ferieufe attention.
Je veux abfolument que vous for-
tiez aujourd'hui de cette maifon pour
venir demeurer quelque tems avec
moi. Vous ferez libre d'y retourner, fi vous perfiftez dans vos fentimens. Je la ramenai ainfi au château. Le Comte à qui j'appris fon
deffein, emploia toute fon adreffe
pour lui ôter cette idée mal enten-
due de dévotion. Elle l'écoutoit
avec douceur, elle badinoit même
agréablement avec lui; mais fon
efprit demeuroit infléxible, & rien
ne paroiffoit capable de la faire
changer. Sa beauté lui attira la vifite & les hommages de toute la
jeune Nobleffe du canton. Elle
faifoit femblant de ne point s'appercevoir de l'empreffement qu'on
marquoit pour elle. Les foûpirs

de ſes amans la faiſoient rire, &
elle nous divertiſſoit par le récit de
leurs expreſſions tendres qu'elle
traitoit de ridicules. Le Comte ſe
deſeſpéroit de voir que rien ne pouvoit vaincre ce petit cœur. Un jour
en retournant d'une viſite qu'il
avoit rendue à un Gentilhomme de
ſes voiſins, il me dit en riant qu'il
avoit trouvé de quoi rabattre la
fierté de Julie, & qu'on lui amene-
roit le lendemain l'amour même
pour triompher d'elle. Il parloit
d'un jeune Gentilhomme qui étoit
arrivé nouvellement de Paris, &
qu'il avoit invité à le venir voir.
Il eſt vrai que je le trouvai d'une
figure charmante en le voiant entrer
au château avec quelques autres
Cavaliers. Je ne doutai point que
ma fille, qui ne pouvoit avoir le
cœur ſi dur qu'elle le faiſoit paroître, étant née d'un pere & d'une
mere ſi tendres, ne fût touchée de
l'amour de cet aimable jeune homme, s'il arrivoit qu'il en prît pour
elle. Le Comte ne tarda point à
leur procurer l'occaſion de ſe connoître : leurs regards ſe rencontre-
rent

rent bientôt; ces deux cœurs é-
toient faits pour s'aimer. J'avois
les yeux attentifs fur ma fille. Elle
s'apperçut que je l'avois furprife
dans le moment qu'elle jettoit un
coup d'œil fur le jeune Marquis.
Elle en rougit, & elle affecta de ne
plus le regarder.

Je lui dis le foir un peu malicieu-
fement, que j'aurois fouhaité que
Monfieur le Marquis de . . . . , qui
me paroiffoit lui vouloir du bien,
eût pu lui plaire ; qu'il me plaifoit
beaucoup à moi même, & que j'en
aurois fait volontiers fon époux.
Elle me répondit avec un dédain
de commande, qui étoit démenti
par fa douceur naturelle, que je fa-
vois de quel époux elle avoit fait
choix, & qu'elle n'attendoit que
mes ordres pour aller prendre les
feules chaînes qu'elle vouloit porter. Eh! ma chere fille, intertom-
pis-je en l'embraffant, pourquoi me
fais-tu myftere de ce qui fe paffe
dans ton cœur? Pourquoi te con-
traindre avec un pere qui t'aime, &
qui ne fouhaite que ta félicité? Tu
me déguifes en vain tes fentimens,

H 2

je

je les ai pénétrez ; le Marquis t'eſt plus cher que tu ne veux l'avouer, plus cher que tu ne le penſes peut-être toi même. Sa rougeur & ſon trouble acheverent de me perſuader qu'elle aimoit. Le jeune Marquis qui en étoit devenu amoureux juſqu'à l'excès, & qui ne croioit plus pouvoir vivre ſans la voir, me pria d'approuver ſa paſſion, & de lui permettre quelque eſpérance. Il ne laiſſa plus paſſer de jours ſans venir au château. Le mariage ſe fit enfin avec une égale ſatisfaction des deux amans & l'applaudiſſement général de toute la Nobleſſe du païs. Je donnai à ma fille tout l'argent qui me reſtoit avec les pierreries & les bijoux de mon épouſe ; ce qui moutoit du moins à la ſomme de deux cens mille francs. Le Comte dont la généroſité n'avoit pas de bornes, lui fit préſent en pur don d'une de ſes plus belles terres.

N'aiant plus rien à prétendre ni à déſirer au monde, je me déterminai à le quitter entiérement pour acheyer ma triſte vie dans la retraite.

te. Les Peres .... à qui je m'a-
dreſſai, conſentirent à me recevoir
dans une de leurs Abbayes, où la
libéralité du Comte fournit à mon
entretien par une honnête penſion.
J'y attens tous les jours le bienheu-
reux moment qui me réunira avec
tout ce que la cruelle mort m'a
ravi; & je n'en ſors que deux fois
chaque année, pour aller voir mon
cher Comte, & ma chere fille, dans
leurs terres.

Fin du Second Tome.